JN079133

なぜ、
オーガスタはスゴいのか。

マスターズを巡る物語

マッケンジー博士の
「ゴルフコース設計論」収録

著・アリスター・マッケンジー *Alister MacKenzie*
訳・迫田 耕 *Ko Sakota*

CHOICE 選書

目次

SECTION I
マスターズメモリーズ
Masters Memories

はじめに

選手、ゴルファーの夢の舞台であるだけでなく、長年の間、オーガスタ（マスターズ）は取材・執筆者にとっても、大いなる研究テーマであり、興味の尽きないテーマであり続けています。

一人の著者がオーガスタ（マスターズ）についてまとめた良書は今日まで多くありますが、本書がユニークなのは、複数の執筆者がその時代時代に感じたオーガスタ（マスターズ）の感動、物語をひとつにまとめていることにあります。それゆえ、ガイド本とは一線を画した物語性を楽しんでいただける構成になっています。

掲載当時の〝時代の気分〟を共有されている読者諸兄には、当時を思い出しながら、また、そうでない方にも、なぜ、オーガスタ（マスターズ）が、他のメジャー大会とは異なる稀有な夢の舞台なのかを時代を遡って共有してもらえるものと思います。そのため、なるべく執筆時の順番で掲載しており、なかには、重複する箇所もありますが、読み終わった頃には、オーガスタについての重要な知識が自然にインプットされてしまうのも、この本の特徴と言えるでしょう。

松山英樹選手がマスターズを制した2021年だからこそ、マスターズ、そしてオーガスタがなぜここまで「スゴい」のかを、改めて一冊の本にまとめることが叶いました。松山選手の活躍ぶりについては、『松山英樹マスターズ制覇の軌跡』（小社刊）に譲り、ここではエピローグとして勝利の瞬間についてまとめています。

また、世界的設計家、アリスター・マッケンジーをもっと多くの日本のゴルファーに知ってもらうため、オーガスタにつながるコース設計の理解を深める趣旨で、アリスター・マッケンジー著「コース設計論」の一部を収録するにあたり、日本での版権をお持ちで訳者である迫田耕氏の著作を掲載させていただきました。

本書は「Choice」誌上に掲載されたオーガスタ、マスターズにまつわるエピソード、マッケンジー論を厳選し、筆者、または継承者の了解のもとに用語、人名、年号などの表記を統一し、同時に原文の一部に加筆訂正を加え再構成しています。

編者／Choice編集部

装幀　近藤可奈子

SECTION Ⅰ

マスターズメモリーズ

Masters Memories

米ツアー取材のパイオニアが刻む40余年

マスターズメモリー

「マスターズのゴルフ界に及ぼす影響は測り知れない。そして私自身にとっても、私なりのゴルフ観形成上、マスターズが原点となっているといったらおこがましいだろうか」報道の現場で世紀の祭典を40年以上も見続けてきた米ツアーのパイオニアがChoiceに残したマスターズの真実。

岩田禎夫
Iwata Sadao

マスターズは球聖ボビー・ジョーンズが創造したゴルフの一大祭典であることはいい尽くされている。理想とするコース、オーガスタ・ナショナルを、英国から設計の権威者アリスター・マッケンジー博士を招いて、共同してデザインに当たった。というよりも、ジョーンズの経験から培われたゴルフ哲学を、コース造りのスペシャリスト、マッケンジー博士によって具体化したものといったほうが正確な表現だと思う。そして現役時代に知り合ったすばらしい仲間たちを集めて、楽しいゴルフの集いを持つというのが1934年マスターズ創始以来の伝統である。

ある人が、ジョーンズに「私の町にあるコースではまだ、一度もアンダー・パーが出ていないのです」と語ったことがあった。ジョーンズはすかさず答えた。

「コースのどこが悪いのかね」

その答えこそ、ジョーンズの考え方を明確に表している。

「たまたま出たミスを厳しく罰するのではなく、よいショットには、それに見合う報酬を与える」——つまりペナルティ（科罰）ではなく、リワード（褒賞）のコンセプトがオーガスタ・ナショナルの基本的概念であるからこそ、マスターズは今日までつねに時代をリードする魅力的なトーナメントであり続けているのだ。コースをやたらと厳しいものにし、パーを取るのに精力を使い果たすといった重苦しい雰囲気のトーナメントだったら、マスターズの華やかな雰囲気はとても醸成されなかったろう。

スコア速報システム、アンダー・パーを赤色、オーバー・パーを緑色の数字で表示、グリーンジャケット……、いまほとんどのトーナメントで採用されている方法でマスターズが元祖となったものは数え切れないほどである。そうした意味でもマスターズのゴルフ界に及ぼす影響は測り知れないものがあるのだが、私自身にとっても、私なりのゴルフ観形成上、マスターズが原点となっているといったらおこがましいだろうか。
——TBS[*]がマスターズのVTRを放送しはじめたのが1967年。ゲイ・ブリュワーが勝った年だった。どちらかといえば、〝ぶ男〟のブリュワーを、好男子のボビー・ニコルスが懸命に追いかけたので、ギャラリーの声援はニコルスに集中した。が、ブリュワーには男の意地というか信念のようなものが、表情ににじみ出ていて、なんとなく魅力があったものだ。

このVTR[注1]を見た瞬間から、私はマスターズのとりこになった。名手たちの壮絶な死闘と、その舞台にしてはあまりにも美しく華麗なコース。眼に浸みるような緑のなかに、色とりどりに咲き乱れる花、観客たちの洗練されたマナーがあった。これだけの舞台がそろえば、役者たちは一種の忘我状態となり、ふだんの数倍の能力を発揮するだろう。

こうしてマスターズに魅せられた私は、幸運にも、翌年からマスターズのVTRのスクリプト（台本）を翻訳することになった。そして、1972年には願いがかなって、初めてこの眼でマスターズを確かめることができたのだ——。

私が初めてオーガスタ・ナショナルを訪れたのは1972年だった。マスターズの歴史のなかで半分にも遠く満たない経験ではあるが、私が見つめてきたマスターズを振り返ってみたい。

　初めての年はジョニー・ミラーのマネージャー[注2]と同居で家を借りた。隣にはミラーが家を借りていたことを覚えている。マグノリア・レーンを車で通るとき、プレーヤーでもなんでもないのに、私の胸の鼓動はやけに大きくなったものだ。クラブハウスの脇を回ってコース側に出たときの印象がまた強烈だった。圧倒されるような人々の群れ、しかもその誰もが実にゆったりと行動している。それまでにマスターズのVTRや、写真などでマスターズ及びオーガスタ・ナショナルの予備知識は持っていたのだが、いざ現実に目の当たりにする光景は想像もできない別世界だった。

　そうしたなかで人々の波がやや忙しげな動きになる。アーノルド・パーマーだ！　そしてジャック・ニクラスだ！　とスーパースターが登場して練習ラウンドに向かうのである。彼らはすでに来日したこともあり、スポーツ記者だった私は取材等を通じて個人的にも知り合いになっていたのだが、オーガスタ・ナショナルにおける彼らは威厳に満ちて、おいそれと近づきがたい存在だった。

　私も緊張に包まれてはいたが、初めてマスターズに出場する若い選手たちが身震いするような緊張感でいっぱいであるのはよくわかった。当時〝ヤング・ライオンズ〟といってもてはやされた一人ジェリー・ハードが、大先輩ビリー・キャスパーと一緒に練習をしていた。恐ろしく傾斜のきつい14番グリーンの近くからチップをするのだが、いくら打ってもまったく予期せぬ方向にボールは転がってしまい、顔面蒼白になっていった。しばらく、じっと見つめていたキャスパーが「このグリーンは、こうやって攻めるのさ」と言わんばかりにお手本を示すと、ボールは従順な飼犬のようにピンに寄っていく。ハードがぽかんと口を開けて、感にたえたようにキャスパーを見つめていたシーンをいまでも思い出す。

——*この私にとってのマスターズ初年は、ジャック・ニクラスが4ラウンドともリードしっぱなしで、6年ぶり4度目の優勝を飾った年である。そしてこの年から番組の解説を務めることになった。

4年後の1976年。マスターズは初めて衛星中継[注3]で日本の家庭に送り込まれるようになる。ゴルフ・トーナメントの衛星中継第一号だ。早朝6時からの放送。今でこそ早朝、深夜を問わず、ゴルフをはじめとしてあらゆるスポーツ番組の放送はごく当たり前に受け止められている。が、当時は、この放送が成功するかどうかは、それこそ大きな賭けであった。TBSの決断は、英断だったのである。この年、レイ・フロイドが5番ウッドを駆使してオーガスタのパー5ホールを攻略。2位を8打引き離して、17アンダーの快スコアでタイトルをものにしている。

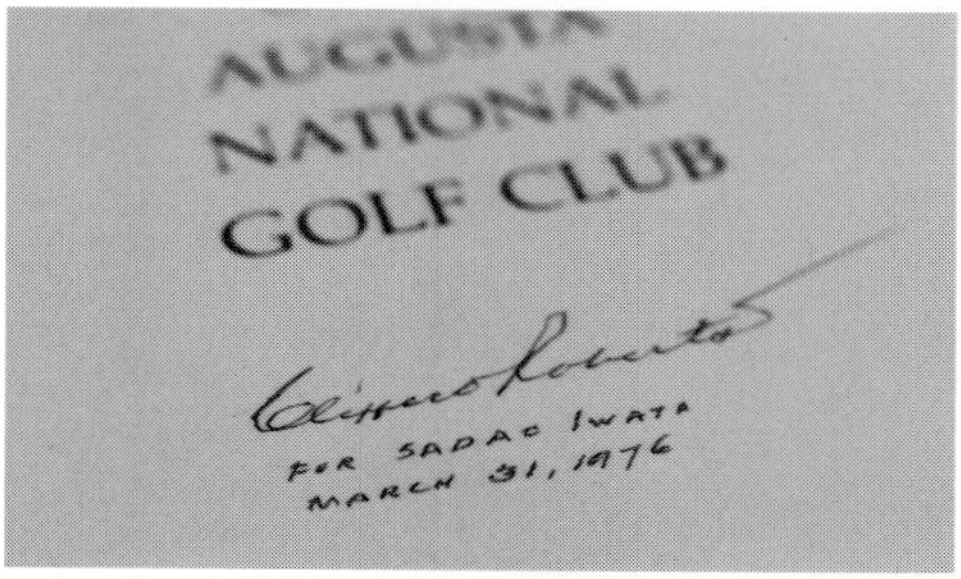

岩田氏のマスターズの想い出のひとつ、オーガスタの歴史書。冒頭のページにボビー・ジョーンズとともにオーガスタ・ナショナルを創設したクリフ・ロバーツのサインも

その後、私も日本のゴルファーも、マスターズと親密な仲になっていった。

ニクラスはシーズン開幕と同時に調整の照準をマスターズに合わせる。

「三月もなかばになってマスターズが近づいてくると、もはや胸のときめきを抑えることができないほどだ」と、マスターズに寄せる特殊な感情をもらしている。

ワトソンにしても、同じような気持ちでいるのだろう。いや、めでたくオーガスタに歩みを進めることが決まった選手たちは、マスターズが近づくにつれて眠れない夜もあるくらい興奮を覚える。

そしてひとたびティーオフとなれば、一斉に放たれた矢のように、目標に向かって闘志をほとばしらせる。エリート集団が技術と気力の限りを尽くして戦うのだから、名勝負が毎年のように演じられるのも当然だろう。

例えば1975年。ニクラス、ワイスコフ、ミラーの三つ巴戦。16番の池越えショートホールで、ニクラスが12メートルのロングパットを決めて二人を抑えた。

1977年はニクラスとワトソンの一騎打ち。ワトソンが7番で5メートルを入れてバーディを奪うなど、芸達者でなくてはできないような勝ちっぷりだった。

1981年、ツアー開幕以来スランプだったワトソンが迷いを脱して、ドライバーショットの荒れを見事に直した。これで二度目の優勝である。

1982年は〝セイウチ〟クレイグ・スタドラーが伏兵ダン・ポールとのプレーオ

フに勝った。一時は8打差でリーダーだったスタドラーだが、さしもの度胸者もマスターズ独特の雰囲気に押されてボギーを重ねていたものだ。

1983年は　日本からはハワイアン・オープンで奇跡の逆転イーグルショットを見せ、世界をびっくりさせた青木功、前年の国内賞金王、中嶋常幸、1982年にはマスターズに初参加ながら15位に入り自動的権利（前年24位以内は出場資格がある）を得たサウスポー羽川豊が挑戦した。[注4]

防御ではなく攻撃の舞台、それがオーガスタの魅力だ

ご存じの通り、世界4大トーナメントといえば、マスターズ、全米オープン、全英オープン、全米プロのことだ。これらを重要な順に並べろと言われても、ちょっとできない。それぞれが他にない独特の性格と表情を持っているからである。

マスターズは、1934年のスタートだから4大競技で一番歴史が浅い（全英オープン1860年、全米オープン1895年、全米プロ1916年）。

球聖ボビー・ジョーンズが、1930年にグランドスラムを達成して引退し、彼の長年の夢だった「理想的コースで、名手たちを集め、楽しいトーナメントを開く」ことを実現しようとしたことから、マスターズははじまった。

また、アトランタ出身のジョーンズは、南北戦争の名匠リー将軍以来の、南部の英雄だった。リー将軍が敗軍の将であったのと違って、ジョーンズはゴルフ界制覇を成し遂げた。南北戦争以来の南部人の鬱屈を晴らしたのである。

そのジョーンズは、故郷アトランタ周辺にコース候補地を探し歩いた。そして、ベルギーから移民したバークマンズ男爵の植物園跡に白羽の矢をたてた。現在オーガスタ・ナショナルに多数の樹と花が豊富なのは、この前身なるがゆえである。なだらかな丘陵地を流れる「レイズ・クリーク」はそのまま戦略的要素として生かされた。さらに、英国から、コース設計家アリスター・マッケンジーを招き、協力を求めた。こうして天才ジョーンズのゲーム知識と名設計者とのコンビネーションが傑作を生んだのである。その後コースは順次改造を重ねていく。

「技術は時代とともに進歩していく。コースも常にそれに対応できるように手を加えていかなくてはいけない」ジョーンズのモットーであった。

忘れてならないことは、彼が南部人でありながら、気持ちの大きなスポーツマンであり、南部の殻にとらわれなかったことだ。最大の協力者であり資金面を担当したのはニューヨークの投資銀行家クリフ・ロバーツだった。

彼は1934年の発足以来、四十数年にわたってワンマン委員長としてマスターズを運営し、常に世界のさきがけとして新機軸を採用してきた。彼の伝統を守りながら新たなよいものを採用していく意欲的な運営がなければ、マスターズの魅力はここまで増すことはなかっただろう。もしジョーンズが北部人を嫌い、南部人だけでこのトーナメントをしていたら、果たして今日の地位が築けたかどうか。

荒涼たる砂丘にシーサイド・リンクスで風にさらされながら苦闘する全英オープン。ガラスのように速いグリーン上の、ギリギリに難しい位置にセットされたピン。苦痛に顔をゆがめる全米オープン（全米プロは、他の4大メジャーに比べて魅了に乏しいというのが通説になっている）、これらとマスターズはまったく異なった雰囲気を持つ。選び抜かれたリード・ゴルファーのみが参加を許されるからだろう。

コースは心にくいまでに磨き上げられている。春たけなわの気候もよい。その舞台では、一にも二にもアタックゴルフでなければ通用しない。全米、全英オープンはどちらかといえば防御の場である。もちろんどちらにもゴルフの本質があり、どちらが大切という観方は的を射ない。ただ、はっきりしているのは、防御はときとして焦燥、鬱屈、欲求不満が前面に出るが、攻撃は成功すれば快感である。だから、マスターズこそ攻撃ゴルフの華、そう言うことができる。

もうひとつ、マスターズは4大トーナメントの口火を切って開かれるのだということを忘れてはならない。１９７６年、フロイドが勝ったときに言った。

「いま、グランドスラムの可能性を持っているのは私一人だけだ」

マスターズの置かれている位置を正確に表している。グランドスラムがゴルファーの最大の目標であるなら、毎年、マスターズは一人のグランドスラム達成可能者を生み出す。

記憶の棚を改めて整理してみると、あることに気づくのである。

役者たちの、その勝負の展開も常に変化していくものだけれど、たったひとつ変わらないものがあるのだ。それは、マスターズを開くオーガスタ・ナショナルであり、オーガスタの街である。

実際にはコースは毎年のように改造され、街も発展している。しかし、マスターズの舞台としての雰囲気は本質的に変わっていないのである。

ジョージアは大西洋の南あたり、というより最南東端のフロリダの、すぐ北隣にある。1800年代の南北戦争の主戦場となったことは、『風と共に去りぬ』でもよく知られている。もっとも近頃は、サンベルト地帯といったほうが通りがいいかもしれない。気候もよく、労働力も地代も税金もすべて安いので、北部から企業が、それと同時に人が大量に流入してきた。(ジョージアは基本的には農業で成り立っている)オーガスタの人口は7万といわれているが、これは市内だけの数であり、郊外を含む、いわゆるグレイター・オーガスタは約30万人[注5]に達する。

ここには南部最大の陸軍基地「フォート・ゴードン」があり、伝統的に新兵訓練キャンプ地として知られている。とはいっても、やはりオーガスタはマスターズなしには考えにくい。

「やぁ、また会ったね。元気でなりよりだ」

マスターズに行く楽しみのひとつは、顔見知りに再会することである。一週間の祭典に動員される無料奉仕は約3千人。[注6] そのなかには、もう20年、30年とまったく同じ役目を果たしている人も珍しくない。ゲートの警備員の一人は、イリノイ州から休暇をとってやってくる。毎年一週間同じ場所に立ち続けること25年といった変わりダネだ。駐車場にもボス的存在がいる。プレスルームに行けば、元ボクサーだという巨体のガードマンが入口にのさばっている。彼が立ちはだかったら、おそらくアリ一匹入り込む隙がないだろう。

みんながいつも決まった場所に陣取っている。これがマスターズの雰囲気を作り上げる重要な要因にもなっているのだが、みんなが自分の役目を１００％理解し、黙々と務めあげているのである。この人たちのほとんどはコースから聞こえてくる歓声にも惑わされることなく、持ち場を離れることはない。

私とマスターズとのかかわりあいなど、彼から見たらひよっこのうちなのだろう。

マスターズを支えた黒人キャディの存在感

1981年から、それまでのティフトン系(バミューダの一種)からペンクロス・ベントにグリーンの芝が切り換えられてから、芝の緑は一層輝きと速さを増して、マスターズの興奮をさらに盛り上げる大きなファクターになったことはいうまでもない。それに伴って名勝負もより高度なものになったが、それらに話を及ばせるには紙数に余裕がない。だが、ベント・グリーンへの切り換え以上にマスターズの雰囲気を変えてきたものに、ハウス・キャディが消え、選手たちがツアーで使っているレギュラー・キャディの登場がある。

オーガスタ・ナショナルのハウス・キャディはすべて黒人でローカル・ナウリッジ(コースをよく知っていること)では有名だった。むずかしいグリーンの切れ方や芝目を読み切るのは、彼らでないとできないといわれていた。喜怒哀楽を全身で表す、ジャック・ニクラスとウィリー・ピーターソンのような名コンビも誕生した。しかし、選手がスコアを崩していくと、彼らもほとんど投げやりになり、そっぽを向いてしまうこともある。全身で喜びや興奮を表す者と、まるで怠け者のような態度をとる者と、そのコントラストもおもしろかった。

練習場ではレンジの彼方に立って選手たちの打球を、一球ごとに拾っていく。黒人キャディが前後左右にほとんど動かないでボールを拾えば、その選手は絶好調という優勝占いのバロメーターにもなった。

彼らは選手の稼ぐ賞金額から分け前をもらえる。マスターズは、一年に一度のビッグ・ウィークだから、その入れこみ方も過熱気味になって当たり前だ。それほどマスターズを彩っていた黒人キャディの存在なのに、なぜ消えてしまったのか。

1983年のマスターズは悪天候にたたられ、月曜日に最終ラウンドを行ったほどだったが、その過程でサスペンデッドなど通常スケジュールは大幅に狂った。サスペンデッドの残りを消化するために、早朝再開したのだが、黒人キャディのなかには姿を見せない者がいて、選手たちは混乱した。この状態を見過ごせなかったトム・ワトソンが当時のホード・ハーディン・マスターズ委員長に手紙を書いた。

「黒人キャディの優秀さは認めるが、ティーオフに遅れるようなことがあるのではマスターズにとってはマイナスではないだろうか」と訴えたのである。折から、優れた黒人キャディの数も減ってきているという状況も加わっていたので、翌年からハウス・キャディの使用義務が外されたのである。

そして一気にレギュラー・キャディの時代へと移っていった。なかにはジョージ・アーチャー（1969年チャンピオン）のように、娘さんにバッグを担がせて、マスターズにも女性キャディが登場するようになった。1991年の全米アマ・チャンピオン、ミッチ・ボージェスは翌年、息子をキャディにした。まだ14歳ぐらいだったと思うが、体の小さい息子のために、サンデー・ゴルファーのように小さく軽いバッグで登場したものだった。もちろん、ふだんから選手とコンビを組んでいるレギュラー・キャディのほうが、呼吸はピッタリするのはいうまでもないが、一種の風物詩的な存在でもあった黒人キャディが消えてしまったのは、やはり寂しさを禁じ得ない。いまでは過去のマスターズ・チャンピオンで、ただ出場することに意義があるといった超ベテランの少数が昔なじみの黒人キャディにバッグを担がせているくらいだ。

"SUSHI"をふるまう日本人選手は……

マスターズ週の火曜日に、チャンピオンズ・ディナーがある。歴代のチャンピオンのみが出席するものだ。１９５２年に、ベン・ホーガンが提唱して発足したものだがいつのまにか前年度のチャンピオンがホスト役としてメニューを決める習慣となった。外国人選手が初めて勝ったのは１９６１年のゲーリー・プレーヤー（南アフリカ）であるが、これまでは外国人選手といっても、あまり変わった料理が選ばれるのではないから、メニューの中身が問題になることはほとんどなかった。ベルンハルト・ランガー（ドイツ）がホストをした１９８６年に「まさかポテトとフランクフルト・ソーセージだけじゃないだろう」と冗談をいわれたことがあった。あとはサンディ・ライルがスコットランドの羊料理を選んだときに「初めてあんな物を食べた」と話題になったぐらいではないか。

もし日本選手がマスターズを制したら、その翌年は日本料理がチャンピオンズ・ディナーにも登場することになる。となると、SUSHIが食卓に並べられるのだろか――。

マスターズをテレビ中継しているTBSは毎年、関係者を招いてハウス・パーティを開く。ニューヨークから寿司の板前さんをわざわざ呼んでいるのだが、SUSHI・BARの前はいつも人の群れでごった返している。なかには「どうしてもSUSHIが食べたいからパーティに招いてくれ」と、噂を聞きつけて頼みこんでくる人もいるぐらいの大人気の食べ物である。だからSUSHIそのものがチャンピオンズ・ディナーに登場すること自体には、いささかの問題もなく、ほとんどの外国人チャンピオンから歓迎されるだろう。[注7] SUSHIがディナーに登場するのはいつなのだろうか。

（1995年5月 Choice 86号、＊部は1983年 Choice 11号より）

IWATA SADAO
1933-2016 神奈川県生まれ。上智大学文学部新聞学科卒業後、報知新聞社でゴルフ記者として活動。その後、フリーとなり、40年以上のマスターズ報道の功績を讃えられ、特別表彰を受ける。２００３年にはアジア人初となる「ジャック・ニクラス・メモリアルジャーナリズム賞」受賞。享年83歳。

注１　１９７５年までは生中継ではなく、ＣＢＳ制作の中継を録画し、翌週に放送していた

注２　１９７３年全米オープン、１９７６年全英オープン覇者。１９７４年賞金王

注３　１９８２年まで決勝ラウンド（２日間）の生中継と当日のハイライト。83年から予選ラウンドの生中継がスタート

注４　この年（１９８３年）、中嶋16位タイ、青木19位タイ（自己最高）、羽川36位

注５　現在は、１９９６年にオーガスタ市とリッチモンド郡の行政府が１つになり、人口は19万５８８４人（２０１０年調べ）

注６　２０１９年サイトでは約７００人。ボランティアをすると来年も招待される可能性が高く、また、５月の感謝の日の間にラウンドするチャンスもある

注７　１９９９年にマーク・オメーラ、２００２年にはタイガー・ウッズがＳＵＳＨＩをふるまった

「グリーンジャケットと同じぐらいの価値がある」と使わないで大事に保存していたペン。長年のマスターズ報道の功績を讃えられ、マスターズ委員会から贈られた貴重な品

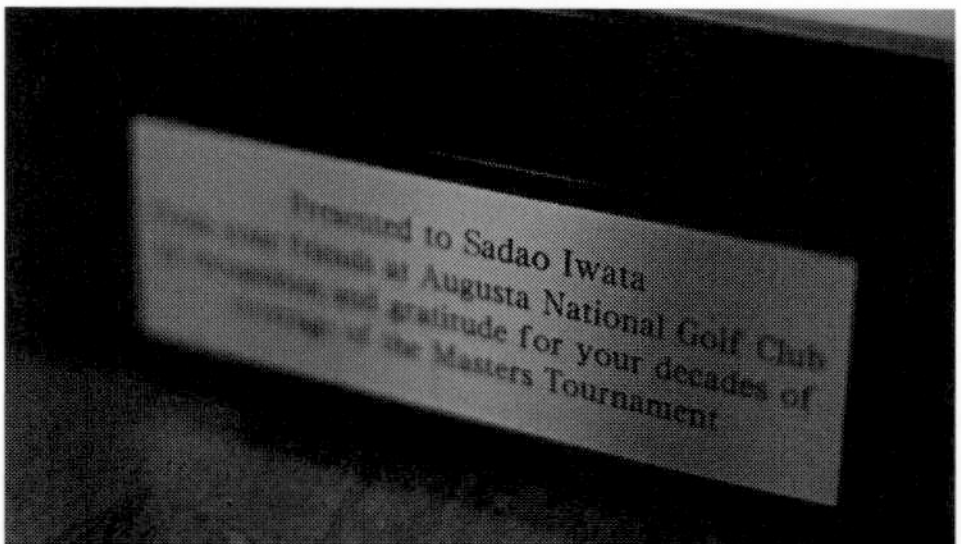
to Sadao Iwata
Augusta National Golf Club
gratitude for your decades of
Masters Tournament

私だけのグリーンジャケット

岩田禎夫氏のマスターズ現地取材は2011年まで続いたが、日本人優勝者がSUSHIをふるまうかもしれない2021年の奇跡を目撃することはなかった。2011年、長年の取材功績を称えて、マスターズ委員会のチェアマン、ビリー・ペイン氏から、記念品のペンを贈られた際に、こう感謝の言葉を述べた。

「私にとってこの贈り物はグリーンジャケットと同じくらい価値のあるものです」

この言葉に対し、ペイン氏はユーモアたっぷりにこう答えたそうだ。

「ANOTEHR 40 YEARS（あともう40年）」

「もちろんジョークだけど、粋でしょう？　あと40年間取材を続ければ、グリーンジャケットがもらえるんだから」と、笑顔を見せながら、Choiceの取材に想い出を語ってくれた。

――僕の人生に最も影響を与えたのは鍋島直泰さん。有名なトップアマですよ、旧肥前佐賀鍋島公爵家第13代当主でした。鍋島さんは、「君はゴルフをするほうは素質がないようだ。でも、プレーばかりがゴルフじゃないぞ。君はゴルフの歴史等にはずいぶん興味があるようだから、ゴルフジャーナリストとしてしっかりやりなさい。それにはアメリカのゴルフを見なくては。まずはマスターズだよ」と言われたんだ。

報知時代にアジアンサーキットに行ったのが最初かな。日本の川奈ホテルで行われた世界アマでも向こうの選手を取材した。東京オリンピック（64年）の12月にハワイのカアナパリが舞台のカナダカップを取材したのが初めてのアメリカだね。70年にフリーになって、グリーンズボロに行ったのを覚えている。日本人というだけで差別されてね。「何しに来てるんだ?」みたいなムードだった。正面の手書きスコアボードが頼りだったんだけど、それが見えない席しかもらえかなったなぁ。今や隔世の感だね。

マスターズは72年。TBSの仕事で行ったのは翌年からで、最初は現地からの実況ではなくて、ニューヨークのスタジオから放送していました。米ツアーでの取材でいちばん強烈だったのは、カナダカップのアーノルド・パーマーとジャック・ニクラスのコンビ。2人で6回出場して4回勝っている。自分たちがツアーを引っ張っているという責任感、自覚を持っていたんだ。それに比べるとタイガーやミケルソンはそれが薄い。だから内側の魅力があまり感じられないんだ。タイガーが最初に出てきたときは「すごいな」とは思ったけどね——。

（2011年7月Choice 197号より抜粋　取材／小川淳子）

ボビー・ジョーンズの人格そのもの

静かなるオーガスタ

なぜ世界一美しいトーナメントなのか、なぜ、招待された選手のことごとくが闘志を燃やすのか、なぜ、世界中のファンが熱い視線を注ぐのか。答えは明隙、コースと試合のすべてがボビー・ジョーンズの遺産だからである。「ダウン・ザ・フェアウェイ」の訳者がコースのそこここで感じた英知とは。

菊谷匡祐
Kikuya Kyosuke

アメリカの深南部、ジョージアは、四月に入るとすでに晩春である。そして第二週、マスターズが終わるともはや初夏となる。

空は高く深く、大気は爽やかに澄み、草木の緑は萌え、花はとりどりの色を競っている。この輝かしい季節にマスターズが開かれるのは、参加するプレーヤーにとっても、またゴルフファンにとっても、大いなるよろこびというものである。

今年もそのマスターズ・トーナメントの季節がやってきた。

オーガスタ・ナショナルは、世界でもっとも美しいゴルフコース――すくなくとも、そのひとつである。

初めてこのコースを訪れたときのことは、いまでも鮮明に記憶に残っている。正門からマグノリアレーンと呼ばれる道を真っすぐに進み、決して大きくはないが瀟洒な白い木造のクラブハウスの横に出て、目の前に広がる景観を一望した瞬間、心の奥からわいてきて全身をみたしていった感動を忘れることはできない。

見渡すかぎり、緑の世界である。明るい芝生の緑と、巨大な松の緑と、その緑の濃淡が陰影を生んで、実に美しい佇まいである。

もちろん、全身をみたした感動は、コースの美しさだけによるのではないだろう。半世紀以上もの間、ここで戦った幾多のプレーヤー――ザ・マスターズ（名手たち）の伝説と思い出が、感慨を彩ってもいるからである。そしてそれは、年とともにオーガスタ・ナショナルを訪れる者の思いを増幅させていく。

光と影。

カメラマンたちは、オーガスタ・ナショナルの魅力は光と影だ――という。

たとえば、13番パー5。このグリーンサイドにあるスタンドの後ろからが、もっともこのコースの美しさを見せてくれると口を揃える。

マスターズは試合のはじまりが遅い。決勝ラウンドに入ると、上位選手のパーティがアーメンコーナーをまわって13番ホールにさしかかるころには。陽がすでに西に落ちかかっている。熾烈をきわめる男たちの戦いは、黄昏のなかでくりひろげられるのである。

「そうすると、高い木立が長い影を曳いてグリーンの上にくっきり明暗をつくるんだ。このなかにプレーヤーが立つと、ひときわ表情に強い翳りが出てくるんだ」と写真家・立木義浩[注1]はいった。

そして、ファインダーをのぞいているうちに、ふと、こんな思いにとらわれたりするそうだ——。

「マスターズの主役はひょっとすると、ゴルフをしているプレーヤーたちじゃなくて、オーガスタ・ナショナルというコース自体じゃないのか……」

むろん、これは錯覚である。ゴルフコースがどれほど美しかろうと、そこで人がプレーしない限り、コースはコースたり得ない。が、オーガスタ・ナショナルの光と影があやなす美しい陰は、それほどの印象まで生むのだ。

朝、六時。

オーガスタ・ナショナルはすでに目覚めている。コース全体がしっとりと露に濡れ、日の出前のやわらかい光のなかで静かに息づいて、やがてはじまるマスターズを待っているのである。

グリーンキーパーがグリーンの芝を刈っている。その芝刈り機のたてる音が、木立を縫い、地面の上をすべり、広いコースに広がっていく。

競技役員が姿を現し、18ホールのグリーンにその日のホールの位置を決める。穴が切られ、カップが埋められる。埋めたカップの周りの芝が入念に整えられる。ボールのスムーズな転がりを妨げるようなことがあってはならないのだ。

この時間に、コースを歩いてみる。晩春から初夏へと移るジョージアの陽光の下で目にするオーガスタ・ナショナルも美しいが、朝の静謐《せいひつ》なコースはまた別の見事な佇まいである。おそらく、プレーヤーのだれひとり、この静けさを知らない。彼らはまだ、床のなかであろう。

オーガスタ・ナショナルは、過去、数多くのマスターズたちによって、女性にたとえられてきた。確かに美しく艶がある。貴婦人のように背を伸ばして忽然としている。一方で娼婦さながらえい然としてもいる。そして、アーメン・コーナーには魔女までが住むという。

が、この時間にはその姿もない。ただ見えるのは、貴婦人でも、娼婦でも、魔女でもない、端正な相貌の、美しい処女の少女の寝顔である。この少女が、ひとたびプレーヤーがコースに現れれば姿を変え、誘い、惑わし、男たちを翻弄することになる。
それにしても、どうしてオーガスタ・ナショナルはこうも陰影に富んでいるのか？いや、陰影に富んで見えるのか？

前にも触れたが、コースが美しいからだけではない。ここで戦ったマスターズの伝説と思い出が投影されているからだ。が、それだけでもない、何よりもロバート・タイアー・ジョーンズ・ジュニア——ボビー・ジョーンズの比類ない全人格がオーガスタ・ナショナルに表現されているからなのではないか。

ご承知のように、このコースは英国の名設計家、アリスター・マッケンジーの手によって造られた。が、設計思想がボビー・ジョーンズのものであったことは、疑う余地もない。セント・アンドリュースを、セント・アンズを、メリオンを、ウィングドフットを愛したジョーンズが、ゴルファーとしての経験と知恵のすべてを注入したのがオーガスタ・ナショナルのはずである。

そして、さらにいうなら、オーガスタ・ナショナルには、ゴルファーとしての経験と知恵のすべてを注入した——という以上のなにかがあるように感じられるのだ。

それは、「教養」とでもいえばいいのか。気取っているのではない、おかしがたい気品があるのである。要するに、ボビー・ジョーンズの全人格なのだ。

『A GOLF STORY』に掲載されたボビー・ジョーンズ

一枚の写真がある。

１９３０年、ジョーンズが年間グランドスラムを達成した年、28歳のときのものだ。雨が降っていたのであろう。レインウェアをまとい、髪は濡れてちょっと乱れ、そして50センチ以上もあるカップを両手で抱いている。眉をしかめ、しかし目と口は照れたように微笑んでいる。

たぶん全米アマチュア選手権での写真だろうかと思う。そのジョーンズの表情が、譬えようもなくすばらしいのである。

生まれついての顔立ちとは別に、一芸にひいでた人間は必ずいい顔になる。生まれ育ちに関係なく、生きてきた軌跡を顔に刻み込んで、味がでてくるものである。

しかし、この写真のボビー・ジョーンズの顔は断じて28歳のスポーツ選手のものとは思えない。もっと人生の深いところを見ている人物の顔なのだ。28歳にして、どうしてこれほどの顔になれるのかが、不思議なほどである。

ボビー・ジョーンズが初めて全米アマチュア選手権に出場したのは、14歳のときである。この年、予選ラウンドでメダリストになっている。南部の富裕な家庭に生まれ、ゴルフ環境に恵まれていたに違いないが、ズバ抜けた才能があったことは疑いを容れない。

にもかかわらず、ジョーンズは20歳で全米オープンに勝つまで、メジャータイトルに手が届かなかった。短気で血が頭にのぼりやすく、自分のミスにカッとしてはクラブを投げ出すなどの、自滅をくり返していた——と後に自伝で語っている。

ジョーンズにとって精神面での課題は克己であり、ゴルフの上ではコンペティターに勝つのではなくパーを相手にプレーすることを自分に課すことだった。

20歳を境に努力が稔りはじめ、以降、引退する1930年までの間に、全米アマを8回中5回、全米オープンを2回のうち1回、そして全英オープンは3回出場して3度とも勝つという、信じがたい成績をおさめたのである。

ひょっとして、読者のなかには、当時のゴルフ界のレベルが低く、層も薄かったからだろう——と思う人がいるかもしれない。確かに今日に比べればレベルは低く、層も薄かったであろう。が、ジョーンズと同時代にはウォルター・ヘーゲンがいて、ジーン・サラゼンがいて、アマチュア界にもフランシス・ウィメットをはじめ強豪はひしめいていたのだ。それに、いまと違ってクラブも悪く、ボールも飛ばなかった時代に、ジョーンズがマークしたスコアを見れば、いかに卓越していたかがわかる。例えば1926年、全英オープンの予選でジョーンズは、サニングデールでは、66でラウンドしているし、1928年のウォーカー・カップの前後には12ラウンドを69、71、69、68、68、68、67、68、67、70、69、67という瞠目《どうもく》すべき数字を記録しているのだ。

この間、それではジョーンズはゴルフ三昧の生活を送っていたのか？

違う。ジョーンズはジョージア工科大学で機械工学を収めた後、ハーバードに進んで英文学を学び、それからイーゴン大学のロースクールに入ったが、卒業する前に弁護士試験を突破した。ハーバードに入った年には、ほぼ一年近くクラブにも触らなったし、引退する二年前になると仕事も忙しく、メジャーチャンピオンシップにしか出場しなかったのである。

そして日常生活では、クラシック音楽を聴き、読書を愉しみ、酒を味わい、妻を愛した。ボビー・ジョーンズはそういう男だった。

こういう人物の全人格を、オーガスタ・ナショナルは反映している。そして、アメリカのゴルフファンがマスターズに全米オープンとは違った熱狂を示すのには、それがボビー・ジョーンズの創設したトーナメントだからという背景がある。このあたりの事情は、われわれ日本人にはわかりにくい。アメリカ人にとって、マスターズの主役はパーマーでもなくニクラスでもなく、ジョーンズの記憶だったのだ。

過去、ニューヨークのブロードウェイをパレードして迎えられたヒーローは5人いる。第一次世界大戦の英雄パーシング将軍と、リンドバーグと、アイゼンハワー将軍と、宇宙飛行士のジョン・グレン、そしてボビー・ジョーンズである。が、このうち二度にわたってパレードしたのは――1926年と30年と――ジョーンズのみなのだ。まぎれもないアメリカのスーパーヒーローだったのである。

だからこそ、引退したボビー・ジョーンズがかつて共に戦った内外の名手たちを、オーガスタ・ナショナルに招待して開いたプライベートコンペが、後にマスターズと称せられて世界でもっとも華やかなトーナメントになったのである。

木立のかなたから、陽がのぼってくる。オーガスタ・ナショナルの緑がみずみずしく光り、朝露が眩しく燦く。

やがて、八時。

ボランティアのコース整備スタッフがコースに集まってくる。

気の早いギャラリーも、姿を現わす。気に入ったホールの、気に入った席を確保するためである。

スタートの早い選手が、オフィシャルカーのキャデラックで次々に着き、ドライビング・レンジに向かう。

テレビのクルーが到着する。内外の記者たちがやってくる。

コースの外では「チケットを求む」というプラカードを持った人がうろうろしている、コース前のメインストリートはつめかけてくるギャラリーのクルマであふれ、群のシェリフ（保安官）が交通整理に当たっている。

かくて、オーガスタ・ナショナルはマスターズの開始を待つだけである。

ことし、マスターズはどのような熱戦が展開されるのだろう。誰が勝つのか。

いずれにしても、マスターズは賞金獲得のために催されるトーナメントではない。ボビー・ジョーンズの亡きいまとなっては、その遺徳《いとく》を追慕するためのものなのだ。

だからこそ、初日の第一組ではジーン・サラゼン、バイロン・ネルソン、サム・スニードが同組でスタートしていくのである。

1930年に引退するとき、ジョーンズはイギリスの詩人、イレール（ヒレア）・ベロックの詩に託して、心境を説明した。

If ever I become a rich man,
Or ever I grow to be old,
I will build a house with a deep thatch
To shelter me from the cold.
I will build my house in the high wood
Within a walk of the sea,
And the men that were boys when I was a boy
Shall sit and drink with me.

~ Hilaire Belloc

もし私が豊かになったら、
あるいは歳をとったら、
寒さから私をかくまってくれる
草ぶき屋根の家を建てよう。
海辺へ歩いていける
深い森に家を持とう。
そして私が少年だったころに

やはり少年だった男たちと
ともに酒を酌み交わしたい。
オーガスタ・ナショナルは、ボビー・ジョーンズのこの願いのためにつくられたものである。

（１９８９年5月Choice 47号より）

（きくや・きょうすけ）
1935-2010 神奈川県生まれ。早稲田大学大学院文学研究科修了後、出版社勤務。フリージャーナリスト、翻訳家、作家として活躍。在学中から開高健と公私に亘る親交を結び、関連の著書も多い。翻訳にボビージョーンズの「ダウン・ザ・フェアウェイ」（小社刊）等、著書多数。

注1　たつき・よしひろ　広告・雑誌・出版で活躍。１９６５年日本写真批評家協会新人賞、２０１０年日本写真協会作家賞受賞、２０１４年文化庁長官表彰など受賞

オーガスタはボビー・ジョーンズの全人格

ボビー・ジョーンズの名著『ダウン・ザ・フェアウェイ』の翻訳を手掛けた菊谷匡祐氏はそのあとがきでボビー・ジョーンズについてこう述べている。

――ゴルフ史上にはトム・モリス親子とか、ハリー・バードンとか、いく人も名手たちの名が残っているが、ボビー・ジョーンズは現代のゴルフの入口に聳《そび》えたった――そして、いまプレーしても依然、ゴルフ界の頂点にあったであろうと思える巨人なのである。

周知のことだが、世界でもっとも伝統を誇るトーナメントは、全英オープンである。１８６０年以来の歴史を誇る。世界でもっとも難しいのは、全米オープンであるといわれる。参加するゴルファーの数からいっても、コース・セッティングの厳しさからしても、このトーナメントの勝者こそ真のチャンピオンと称するべきであろう。が、マスターズ・トーナメントは、伝統の上でも難度の点でもはるかに及ばないにもかかわらず、この前二者に劣らぬ人気と、価値と、意味をもっているかに見える。

なぜか?

マスターズは文字どおり名手たちが技を競うゴルフの祭典である——という。が、ここに出場する選手は、ほとんど他の大きなトーナメントにも姿を現す、いわば常連ばかりである。マスターズだけが世界の名手を招集できるわけではない。してみると、マスターズがマスターズとして意味と価値をもつのは、別のところに理由があるはずである。そう、ボビー・ジョーンズがつくったオーガスタ・ナショナルGCで、それが開催されるからなのだ(中略)。

グランドスラムを達成した後、11月18日、ボビー・ジョーンズはUSGAへ感傷のまじらない淡々とした手紙を送り、競技生活から引退することを告げた。USGAがこのニュースを報道機関に伝えると、各社はいっせいに大事件として報じたが、とりわけ『ニューヨーク・タイムズ』紙は第一面に大見出しをかかげ、記事の最後をシェークスピア流の無韻律の詩文で「威厳をもて、他の何者もなしえざりし普及の舞台より彼は退場せり」と結んだ。それ以前も、それ以後も『ニューヨーク・タイムズ』が一面でスポーツ選手の引退を報じたことはない。(中略)

ついでながら、彼はフランス語、ドイツ語にも堪能で、F・S・フィッツジェラルドが盛んにもてはやされた1920年代にも、メルヴィルやコンラッド、へンリー・ジェームズなどを好んで読んで、フィッツジェラルドには目もくれなかったという。趣味はウィスキーをすすりながら聴くクラシック音楽だった。
もとより、こういう「教養人」であったことが偉大なるゴルファーをつくった理由のわけではない。が、同時に一方、ボビー・ジョーンズがそういう人間であったからこそ、アメリカ人は彼を畏敬したともいえるのである、その意味でボビー・ジョーンズは、アメリカ人にとってあり得べき理想に近いアメリカ人であった——。

菊谷氏は、この翻訳の新装版（小社刊）の校閲を終えたのち、２０１０年に永眠された。

ボビー・ジョーンズの主な戦績

1902		3月17日、ジョージア州アトランタに生まれる
1911	9歳	・アトランタ・アスレチック・クラブのジュニア選手権優勝
1915	13歳	・イースト・レイクのクラブチャンピオン
1916	14歳	・ジョージア州アマチュア選手権優勝
		・全米アマチュア選手権（メリオン）に初出場し、予選でメダリストとなるも、決勝第三回戦でロバート・A・ガーデナーに敗れる
1917	15歳	・南部アマチュア選手権優勝
1919	17歳	・全米アマチュア選手権（オークモント）で2位
1920	18歳	・全米オープン（インパネス）に初参加、8位タイ
		・南部アマチュア選手権優勝
		・全米アマチュア選手権（エンジニアーズC）で、準決勝でフランシス・ウィメットに敗退
		・南部オープン2位
1921	19歳	・全英アマチュア選手権（ホイレーク）出場、4回戦敗退
		・全英オープン（セント・アンドリュース）出場、第3ラウンド途中で棄権
		・全米オープン（コロンビア）で5位タイ
		・ウォーカー・カップ（米英対抗戦）でシングルスとフォアサムに優勝
		・全米アマチュア選手権（セントルイス）、準々決勝でウィリー・ハンターに敗退
1922	20歳	・全米オープン（スコーキー）で2位タイ
		・南部アマチュア選手権で優勝
		・ウォーカー・カップでシングルス、フォアサムともに優勝
		・全米アマチュア選手権（ブルックライン）準決勝でジェス・スウィーツァーに敗退
1923	21歳	・全米オープン（インウッド）でボビー・クルックシャンクとプレーオフの末、優勝
		・全米アマチュア選手権（フロスムーア）2回戦で敗退
1924	22歳	・全米オープン（オークランド）で、2位
		・全米アマチュア選手権（メリオン）で初優勝
1925	23歳	・全米オープン（ウォーセスター）、ウィリー・マクファーレンとプレーオフの末、2位
		・全米アマチュア選手権（オークモント）で優勝
1926	24歳	・全英アマチュア選手権（ミュアフィールド）6回戦で敗退
		・全英オープン（セント・アンズ）で優勝
		・全米オープン（コロンバス）で優勝
		・全米アマチュア選手権（バルタスロール）、決勝で敗退
1927	25歳	・南部オープン優勝
		・アトランタ・オープン優勝
		・全米オープン（オークモント）11位タイ
		・全英オープン（セント・アンドリュース）優勝
		・全米アマチュア選手権（ミネアポリス）優勝
		（この年、『ダウン・ザ・フェアウェイ』出版）
1928	26歳	・全米オープン（オリンピア・フィールズ）2位
		・全米アマチュア選手権（ブレー・バーン）優勝
1929	27歳	・全米オープン（ウィングドフット）優勝
		・全米アマチュア選手権（ペブルビーチ）決勝1回戦敗退
1930	28歳	・全英アマチュア選手権（セント・アンドリュース）優勝
		・全英オープン（ホイレーク）優勝
		・全米オープン（インターラーケン）優勝
		・全米アマチュア選手権（メリオン）優勝（年間グランドスラム達成）
		・引退表明
1931	29歳	・オーガスタ・ナショナル造成着手
1934	32歳	・マスターズトーナメント開催
1971	69歳	・12月18日、死去

森の中のリンクス

半世紀以上も前にアメリカ深南部に誕生したこのコースが、世界のゴルフ界に与えた影響は測り知れない。戦略型設計の最大傑作、オーガスタのコンセプトとは？球聖ジョーンズと設計界の巨人マッケンジー博士との接点は？2人が目指したコース設計哲学にスポットをあてた。

金田武明
Kaneda Takeaki

1930年、全米、全英オープンとアマの4大トーナメントに優勝し、28歳の若さで、ボビー・ジョーンズは競技ゴルフの世界からあっさり引退して、故郷のアトランタで弁護士を開業してしまう。世界の大競技13勝はジャック・ニクラスが出現するまで、想像を越えた記録であった。

しかし、全盛期のパーマー、ニクラス、ノーマンの人気を合わせたほどのアイドルだったジョーンズを世間が静かにしてはおかない。映画制作（1920年〜30年代に米映画界で圧倒的地位を築いたMGM映画社)、クラブメーカー(スポルディング社)が莫大なギャランティを積んだのも当然の成り行きだった。

しかし、ジョーンズの夢は別にあった。アメリカ南部に全米オープンが開けるような本格的コースを持つことであり、そこが友人達とのゴルフ天国となることであった。当時の南部の事情からすると、前者は夢の夢であり、後者はそれほど難しい問題はないはずだった。

ジョーンズは1928年頃から、引退をかなり真剣に考えはじめていたし、ゴルフ天国の実現に備えていたらしい。もっとも、ジョーンズという人は来たるものを受け止めるといった姿勢であり、計画を立ててそれに邁進するタイプではない。だから、はっきりした記録は残っていないが、設計家マッケンジー博士との結び付きにはかなりの時間を要している。

20年代のアメリカで最高の設計家はドナルド・ロス(スコットランド・ドーノック出身の元プロ)だった。彼自身もジョーンズからのコース設計の依頼を期待していたようだ。しかし、ジョーンズはセント・アンドリュースでマッケンジーと知り合う。1927年、ジョーンズがオールドコースで全英オープンに優勝した年と思える。

マッケンジー博士はこの時すでに一流の設計家で、新しい作風が好事家に高く評価されていた。R&Aの会員だった博士とジョーンズの接点はゴルフのあるべき姿だったと思う。ジョーンズは世界一の名ゴルファー、一方の博士はごく平均的なゴルファーでしかなかった。一般的には歯車の噛み合うはずのない組み合わせである。しかし、ジョーンズは博士が従来のコースに批判的でありながら、オールドコースを「神の与えた教科書」と考えていることに共鳴した。

ゴルフの本質に忠実である限り、博士に柔軟性のあることも、ジョーンズを勇気づけた。現状に満足せず、ゴルフ本来の在り方を考え、理想的なコースを洞察し、実現しようとする設計のパートナーとして博士しか考えられなかった。

当時、名コースといえば例外なく、苦難に満ちた難コースだった。ティーから75〜150ヤードにクロス・バンカーが待ち構える。フェアウェイは狭く、ティーからラフが続く。下手なゴルファーが苦しむのが普通だった。バンカーは網の目の如く張り巡らされ、その数たるやあのオークモントが220個のバンカーを誇っていたことからも想象はつく。

「狭いフェアウェイは悪いゴルファーを生む」と博士は考えていたし、「深いラフでのロスト・ボール探しは人を苛立たせるだけで、ゴルフから楽しみを奪いとるものだ」とすら言っている。

一方ジョーンズは「この世で最も退屈なのは平らな所からまっすぐなボールを打ちまくる練習である」とエッセイの中で語っている。

一打一打、頭脳で考え、攻めるルート、球筋を見つけ出す喜びを追求していたのである。技術だけでなく、頭脳を要求するコースは攻略の道を選択できることを意味する。攻めるルートをいくつか想定するという考え方は、ジョーンズ自身のプレー体験から出ている。

１９２１年、全英オープンでジョーンズはオールドコースに苦しめられた。アウト46、インに入って10番6打、11番のパー3は第5打でようやくグリーンに乗った。彼は、「こんな酷いコースには二度と来ない」とボールを拾い上げ、棄権してしまった。それから6年後、ジョーンズが同じオールドコースで全英オープンに優勝した時には別人となって、技術も戦略も成熟していたのである。

有名なのは14番ホール攻略の３本のルートである。そのルートの発見が優勝に結び付いたのだという。風と地表の固さ、グリーンの速さによって、ルートを選ぶことになる。

オールドコースはほとんどのホールでルートの選択が出来る。技術、力量によってゴルファーはルートを変える。キャディの示す目標もゴルファーによって驚くほど違ってくる。ひとりには教会の塔を狙えと言い、ひとりには遥か左のブッシュを狙えと言う。同じホールとは思えぬほど攻める景色が変わってしまうのである。

不世出のプレーヤーとして、ジョーンズは本能的にルートの発見と選択を行なった

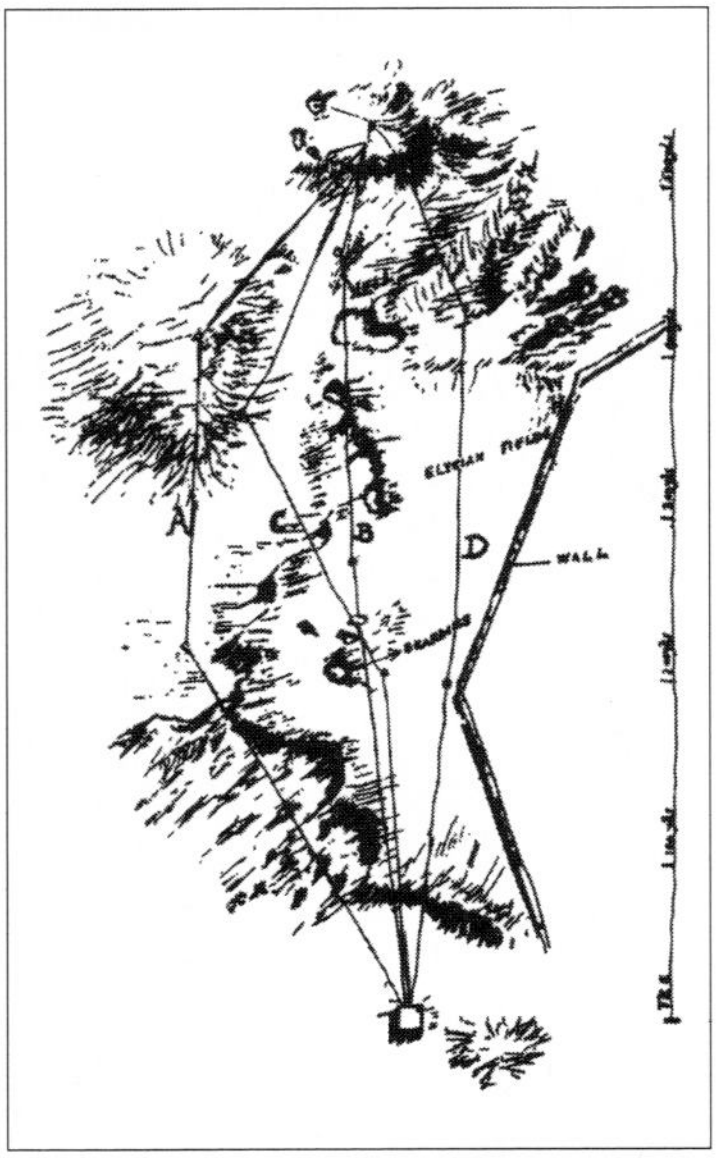

マッケンジー博士が書いたセント・アンドリュース14番には技量の違うプレーヤーによって4つのルートが想定されている（「ゴルフコース設計論」著・アリスター・マッケンジー／訳・迫田耕 第3章より）

マッケンジー博士が『カントリーライフ』のコンペティションで優勝した理想のコースデザイン。後にC・B・マクドナルドによってリドGCの18番ホールとして実現された（Golf Illustrated＆Outdoor America 1914年より）

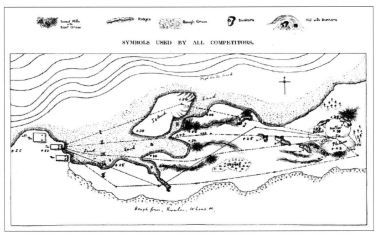

が、設計家マッケンジーもオールドコースに戦略的ルートの在り方を学んでいた。

マッケンジーは1914年、『カントリーライフ』誌の〝理想的ホール〟の設計コンテストに優勝している。82作品の中で、博士の図面はまったく他の作品とは異なっていた。ティーがふたつ、攻めるルートは5本あり、キャリー200ヤードから120ヤードまで違う方向から攻めるようにしている。この優勝が博士を設計家としての第一人者にしていくのだが、ジョーンズももちろんその作品を見たことだろう。

古典的名ホールに学んだ設計哲学の具現化

ジョーンズとマッケンジーがその後、長時間ゴルフ談議に花を咲かせたのは1929年だった。博士も世界を股に駆けて多忙だったが、ジョーンズも競技からの引退を思っていたから忙しいスケジュールだった。

1929年、全米アマチュアが史上初めての西海岸での開催となった。完成して10年のペブルビーチである。英国行きは多かったが、西海岸を初めて見るジョーンズを待ち構えていたのはこの地方のゴルファーだった。ロス、サンフランシスコと行く先々で模範競技をしなければならなかった。

9月2日、パサティエンポ（カリフォルニア州サンタクルーズ、マッケンジー設計）の開場式典に参加し、女傑マリオン・ホリンズ、英国のアマチュアの雄シリル・トーリーとプレーしている。おそらく設計家マッケンジーへの好意としての出場だったろう。この時、すでにふたりの間に、見えない糸が結ばれていたのかもしれない。

予選前になって、後年に知事になるラファインがジョーンズをサイプレス・ポイント（1928年設立、マッケンジー設計）へ招いた。このラウンドは秘密だったが、1番ティーの周辺には300人のファンが押し掛けていたという。同行した記者のO・B・キーラーはサイプレス・ポイントのあまりの美しさに驚嘆した。

「白い砂、紺碧の海、松の木すべてがデザインのなかに溶け込んでいる。ジンでほろ酔いになり、アブサンで仕上げた芸術家が夢を水晶化したようなコースである」

と激賞している。

ジョーンズもマッケンジーの設計手腕に一目で惚れ込んだことは間違いないだろう。

ペブルビーチの予選でジョーンズはメダリストだった。これも意外だったが、1回戦でオクラホマ出身のグッドマンに惜敗した。千代の富士が前頭に初日負けたような番狂わせである。

しかし、ジョーンズは居残り、レフェリーをかって出た。ところが、コースへ出ると大勢の観客がジョーンズを見るために騒ぎ回る。パッティングの距離の長さを判断するためにグリーンへ上がると、選手より遥かに大きな拍手となる。彼は仕方なく、一観客として試合を見ることにした。このおかげで、マッケンジーと心ゆくまでコース論を話し合う時間が生まれたのである。

コースは最大多数の人が楽しめるものでなければならない。これがふたりに共通した考え方であった。博士はファン（ＦＵＮ）という言葉を使っている。ジョーンズは、プレジャー（ＰＬＥＡＳＵＲＥ）である。微妙なニュアンスの差はあるにせよ、ゴルフを楽しむという公約数は同じだった。

オーガスタ・ナショナルが半ば完成した１９３２年、博士は「理想的コースのプラン」と題する一文（２４６頁参照）を『アメリカン・ゴルファー』誌に寄稿している。ふたりがいかにより多くの人に楽しみを与えるためにコース造りを考えたか興味深いが、基本的プランの出発点にはセント・アンドリュースに代表される古典的名ホールの理解と解釈の導入があった。

「オーガスタで我々は理想の18ホールの創造に努めたが、それは古典的名ホールの模写ではなく、その最良の特性と自然の地形が示唆する特性を併せて具現化することであった」と言っている。

Ｃ・Ｂ・マクドナルド以来[注3]、アメリカが一貫してとり続けた〝ホーム・オブ・ゴルフ〟に学ぶ姿勢が、従来の常識とはかけ離れるほど美しく、かつ楽しいコースを生んだところに、オーガスタの特異性がありはしないだろうか。

博士はまたこの一文の中で、ジョーンズの古典的名ホールに対する記憶力と分析力に驚嘆している。つまり、ふたりは〝コースに生まれ変わるのを待っていた365エーカーの果樹園〟に、英国リンクスの思想を持ち込んだのだ。オールドコース、ノースベリック、ミュアフィールドなどの名ホールの枠を散りばめたのだ。

従って、オーガスタでは、近代戦略型設計の結晶と言われながらも、英国的な〝地上のゴルフ〟も大切な条件である。3 5、14番などはグリーン周辺の地形を利用したランナップ・ショットを要求している。

グリーンは固く（ファーム）、きちっと打たれたショットだけを識別する。

グリーンのスピードも重要な条件だった。

ラフは皆無。バンカーは博士の最初のプランでは36あったものを、27個でスタートしている。それに大きなグリーン。もし、グリーンが遅ければかえって公平になるという考え方である。正しい攻略ルートを見つけ、正しい選択とショットをした人にバーディを与えるべきである。どこから、どのようにショットしてもピンの近くに寄ってしまうのではコース本来の役割を果たさない。コース本来の役割とは〝人間の評価〟だと言うのである。

心・技・体、すなわち人間そのものではないが、この三つをテストするコース……

これがスコットランド古来からの思想である。

良いコースは良い音楽と同じく、人の心のなかで育っていく

バンカーの数は少なかったが、その配置は碁の名人が石を置く一手のように熟慮の末、ぴたりと決まっていた。

普通、考えれば考えるほどバンカーの数は増えるものだが、このふたりは無駄を排除し、余分な装飾を取り去った。利久の一輪の花と共通する芸術の域でさえある。

博士はバンカーの代わりに、大きなマウンドを配置した。最も秀逸だったのは8番グリーン周辺のマウンド群だった。ミュアフィールドの17番に触発された発想だが、現在ではマスターズのために小さくされ、まったく姿が変わっている。

コース全体が大きな起伏のなかにある。

2番グリーンの後ろから首を巡らせて見ると、大きな鯨がのたうっているように思う。この大きい起伏は地上での発想ではないのではなかろうか。これだけはスコットランドにも、アイルランドにもない。

マウンドとこの起伏は海原の波の姿を彷彿とさせる。ヒントは博士の航海経験ではないかと思われる。この時代、世界を結ぶ唯一の交通手段は豪華客船だった。特に博

士は英国からオーストラリア、ニュージーランドを経てアメリカへ渡っている。太平洋の荒波は海辺から見るものとは別物である。大きな客船がひとつの波の上に乗るほどスケールがでかい。オーガスタ・ナショナルの地形のうねりと起伏はおそらく博士が船旅で見た大波だったような気がしてならない。

1901年、博士はボーア戦争に軍医として従軍している。ボーア族の戦術は近くにいて遠く見せるなどのカモフラージュ作戦で、英国軍は苦い経験をした。観察眼の鋭い博士はこのカモフラージュの権威者となり、帰国後、その学校を設立し、校長に任命されている。第一次世界大戦でも、現実に戦場に赴き、英国軍の被害を最小限に止めている。

人間の錯覚を巧みに利用するカモフラージュをコース設計に取り入れたのももちろん博士が初めてのことであった。大きなマウンド、起伏も、バンカーも、グリーンの形状、周囲の景観すべてがカモフラージュの素材になる。形、大きさ、位置、高さのバリエーションでプレーヤーの錯覚を呼び、距離感を狂わすことが可能なのだ。

コースのルーティングは博士の仕事だった。13番のパー5などは一見して博士の思い付いたままの姿が具現化され、現在も生き続けている。もちろん、土地造成の最中にはジョーンズの試し打ちが実行されたことは言うまでもない。

博士の分野と、そこから先のジョーンズの決断、この組み合わせはお互いの知識、経験に互いに敬意を持っていたからこそ、実現したのである。博士はジョーンズの名コースへの生徒ぶりに驚き、さらに工学出身ならではの実際的知識にも敬意を払った。

現在の16番、パー3は1947年、ジョーンズの要請でロバート・トレント・ジョーンズ・シニアが改造した傑作だが、オリジナルは細いクリーク越えのものだった。この造成中にジョーンズはグリーンにふたつのリッジ（盛り上がり）を希望した。この二本のリッジで、劇的とも言える効果が生まれていた。それまで博士の知らなかった領域の問題だった。

並の人間を相手にせぬほど我の強い孤高の人、マッケンジーでさえ、ジョーンズには一目も二目も置いていたことが分かる。

一方ジョーンズは博士の作品、特にサイプレス・ポイントで実証された力量に対し、敬意を持っていた。不思議に思えるのは博士が完成したオーガスタをついに見ることがなかった点である。

健康が許さなかったのか、あるいは自分の仕事の領域が終えたからなのかまったく不明である。1934年に彼は自分の設計したパサティエンポ6番ホール脇のコテージで永眠する。マッケンジーは著書の中で、

「良いコースは良い音楽でも何でも同じだが、初めての時にアピールしなくてもよい。何回か訪れているうちに、心のなかで育っていくものだ」と言っている。

英国の古典的名コースの心をアメリカのインランドに再現したオーガスタ・ナショナルは美しい音楽のように、世界中のゴルファーの心に響き、育っていく。ジョーンズの生存中、コースはマスターズ・トーナメントのために100カ所以上の改造を行なったが、二人の巨匠による設計の原点は少しも損なわれていない。それは人の手になるコースだがその根底には「神との合作になるコース」、セント・アンドリュースのゴルフ精神が宿っているからではないだろうか……。

（1990年5月Choice 54号より）

（かねだ・たけあき）

1931-2006年東京生まれ。早稲田大学卒、ゴルフ部出身。大学卒業後にオハイオ州立大学、メリーランド大学院留学。1960年世界アマにプレーイングキャプテンとして出場、霞ヶ関CCのクラブチャンピオン。1987年開場のメイプルCCが初設計コース。日本ゴルフコース設計者協会元理事長。

注1　1893-1944　1921年「全米女子アマチュア選手権」優勝。コース設計家としても名を馳せ、マッケンジー博士と共に、サイプレス・ポイント、パサティエンポを開発。ジョーンズとも親交が深かった。2021年世界ゴルフ殿堂入り

注2　1921年の英米親善試合でのボビー・ジョーンズの離れ業に、破格の飛ばし屋で名高かったイギリスのシリル・トーリーが悔し紛れに命名したのが、あの「アルバトロス」

注3　1855-1939　初期のアメリカンゴルフの重要人物で、米国で最初の18ホールのコースを建設、最初の全米アマを制す。アメリカゴルフの父とも呼ばれる

名コースは人を何度でも呼びもどす

「地球をデザインした男」と題し、Choice誌で最初にアリスター・マッケンジーを取り上げたのも、金田武明氏によるものだった。ここでは、氏のマッケンジーコースの初見についての記述を紹介しようと思う。

私にとっての初の「マッケンジーコース」は、オハイオ州立大付属コースだった。残念ながら、誰も何も言わないし、麗々しく記録もされていなかったので、知らずに楽しんでいたのだった。

大学の付属コースは、大抵、面白くないが、ここは違っていた。グリーンのアンジュレーションがきつく、バンカーも面白い。毎日プレーしても、毎回違う。それが、マッケンジーの作品だったからと気づくのに、20年もかかってしまった。ただ楽しんで見ていた彫刻が、実はロダンのものだったようなものだ。

次の偶然の出会いは、アイルランドのラヒンチだった。これもまったく予備知識無しでコースを高地から見て、驚いた。夕陽のなかに。素晴らしい宝物が、キラキラ輝いているような感じだった。カメラを持って、私は走り回った。

しかし、未知のコースを走り回った経験は、このときだけしかない。ゆったり歩いていられないほどの強い衝撃を受けた。

翌日、どんより曇ったラヒンチコースを、クラブハウスの窓から見ながら、話を聞いた。トム・モリス（オールド・トム）とマッケンジーの二人が、手掛けたコースだったのである。北斎の版画と棟方志功の版画が、並んでいるようなものである。

このような不思議な魅力はどこから生まれるのであろう。その答えを、私は知らない。

マッケンジー博士の写真は、ごく少ない。大抵、スコットランドのキルト（スカート）をはいて箱に腰を下ろしている写真である。

太い眉毛、眼光鋭いぎろりとした眼、頭は坊主に近い。日本なら、さしずめ、入道と名の付く僧侶の感じである。どう見ても、スコットランド人だが、生まれは、イングランドのリーズである。

両親は、北スコットランド、サザーランド地方の出身。医師だった父親は、誇り高きスコットランド人で、休暇は、必ず故郷で過ごした。マッケンジーが、スコットランド生まれの人々よりも、強烈な郷土愛を持ったのも、親の影響だったようだ。スコットランドでは、毎夏、釣り、射撃、そして、もちろんゴルフを、心から楽しんだ。マッケンジーの人生哲学を支配したのは、幼少時からスコットランドで得た考え方だった。忠実なスポーツ心を求め、それを具現したのが、彼のコースだったと思う。

探検家のように未知を求めて、全力を注ぎこむ。ハワイで土着民に殺されたキャプテン・クックもスコットランド人だったし、ゴルファーでもあった。未知への挑戦、それがゴルフと考えていた博士にとって「カードと鉛筆」は宿敵だっただろう。スコアカードにスコアをつけるのがゴルフと思い込んでいる人には、奇異に聞こえるかもしれない。

ゴルフ本来の姿であるマッチプレー。1ホールごとに相手とコースに挑戦して行くところに、ゴルフの醍醐味があるという考え方である。

この考え方が、最も明白に表現されているのは、パサティエンポGCかもしれない。

パサティエンポは、サンタクルーズという小さな町にある。ペブルビーチ、サイプレス・ポイントのあるモントレー半島へ辿り着く直前、右に折れるとサンタクルーズへ着く。マリオン・ホリンズ女史のために設計したのは、1928年。サイプレス・ポイント完成の1年後のことだった。ホリンズは、サム・モース（カリフォルニア州デルモンテの開発に一生をささげた）の右腕になるほどの才気のあふれる女性で、1921年の全米女子アマチュア選手権に優勝している。

ホリンズは、デルモンテで得た資産をパサティエンポの開発にすべて注ぎこんだ。

大恐慌のため、彼女の意図は実現しなかったが、パサティエンポは、会員の力で残った。

博士は、パサティエンポ6番フェアウェイ脇に自宅を構え、1934年、マスターズの開幕を見ずに他界してしまっている。

彼が最も愛したコースだったのかもしれない。

(1985年9月 Choice 24号より)

太い眉毛が印象的なマッケンジー博士

オーガスタを攻める球筋の美学①

13番の「13」が何かを変えた

「オーガスタはショットを咎めるコースではない。が、トーナメント用のセットをしたとき、プレーヤーの気性を厳しくテストするコースである」と球聖ジョーンズは言う。陳清水からはじまり、多くの日本人プレーヤーが挑み、松山英樹につないだAON全盛時代の珠玉レポート。

三田村昌鳳
Mitamura Shoho

ぼくは、いま、思春期を過ぎたばかりの少年なんです！　と中嶋常幸は言う。もちろん、これはマスターズで自分をみつめた場合の表現なのだ。いわば『マスターズ年齢』とでもいったらいいのだろう。

「ちょうど17歳くらいの少年が、きたるべきその日のために試行錯誤しているのと同じなんです。そして手探りの状態のなかでなんとか大人になるためのひとつの扉を開けたい……まさにそんな心境なんですよ」

1978年、中嶋ははじめてマスターズに出場して（当時23歳）、例の13番パー5で『13打』というワースト記録をつくってしまった。中嶋にとって『13』という数字は単に『その日の出来事』として片付けるには、あまりにも衝撃が大き過ぎた。

「全英オープンンの9打も[注1]、あの年の大ショックの一つだけれど……、マスターズは、〝中嶋常幸〟の一大事だったよね」

あのとき、中嶋は心の中で日の丸のついたハチ巻きと、きっと胸にゼッケンをつけたランニング姿でマスターズに臨んだに違いない。マスターズでは、場違いだ。それは初めていく日本選手の典型的な感覚と似ている。すぐにマスターズの空気に溶け込めないで戸惑っている。空回りした気負いがいつもある。

日の丸ハチ巻きは、この場合違和感以外のなにものでもない……そう思えてならない。日本選手とマスターズとのあいだには、おそらく土壌や発想の違いからくる彼我の差がある、のかも知れない。

彼は、それが極端だっただけである。

何度もビデオや雑誌などマスターズに関するありとあらゆる資料に目を通し、準備万端、用意周到で乗り込んだのだ。

不器用に直線的な生き方しかしていなかったのだ。

「いけないよね、そういう先入観を持ったら。いちばん大切なフレキシビリティというのがなくなってしまうもの。ほんとは、いつもニュートラルにギアを入れておいてクラッチだけ左足で踏んでいるという状態……これが、ゴルフ・ゲームで大事なんです。ショットを打って次の位置までそういう状態でいる。すると、どんな情況でも素早く対処できる。もしギアをローでもセカンドでも入れておくと、瞬時の変化に対応できない。気持ちの動揺も出る。

やんちゃ坊主が、あいつはアメ玉もっているのに俺にはくれないって、誰彼かまわず手をばたばたさせているのと同じですよ。それも、空振りばかりでね。自分勝手に思いどおりにならないのがゴルフでしょう。きっとぼくは、マスターズでアメ玉が欲しいってダダをこねていたんでしょうね」

マスターズは、彼を嘲笑し、冷たく突き離した。離しておいて、中嶋が悩み苦しみ、のたうちまわっている姿を見て、

「お前、少し旅にでも出たらどうだい？」と軽くいなしたのである。

強烈なインパクトだったという。鼻柱をへし折られて、少年は精神的な旅に出た。

少年の旅立ち

いまだから、中嶋常幸はそんな風な表現で、自分をみつめることが出来ているのである。

〝旅〟に放り出されて、中嶋はようやく丸裸になれたのだろう。英国の格言にある「最後の1メートルのパットのせいにするから進歩がない」という言葉を例に出す。

「1メートルのパットをミスするには、その伏線があると思う。それを捜せなければゲーム・マネージメントは出来ない。それに1メートルのパットを外したからといって、そこでゲームは終らないわけだから」

手探りだったゲーム・マネージメントという思考が、中嶋のなかに目覚めたのだ。

だから、最初のマスターズから5年が過ぎて、再び招待されたとき、中嶋は変な先入観を捨ててマスターズに臨めた。

「マスターズが、国立競技場だと思ってしまったことにぼくの誤りがあったんです。あそこは、記録を縮めるために全力疾走して走る場所じゃないんです。むしろ国立劇場だと思ったほうがいい。ひとりの役者として、そこでどんな演技ができるか。2回目に招待を受けたとき、ぼくは、端役でもいいから自分に与えられた役をたっぷりと演じきってやろう、と思ったんです」

国立競技場と思う感性は、マスターズとは雰囲気のちがう全米オープンにこそ似合う。

このふたつのマスターズを挟む5年間という歳月を経て、中嶋は変貌する。再び13番ホールに立った時、意外に穏やかな気持ちだった、という。

『やんちゃ息子が、旅から戻ってきました。ちょっとは成長したと思います。どうか判断して下さい』という問いかけに、13番ホールが答えてくれたような気がしたという。

『この5年間で、少しは大人になったね……安心したよ』

雨中のアーメン・コーナーを5連続バーディで疾駆した時に聞こえたのだ。

「でもね」と、中嶋は言う。

「所詮まだ、子どものアメなんですよ。きちんとネクタイ締めてスーツを着て、メイン・テーブルで食事は出来ませんよ」

正直言って、まだマスターズに対する正しい答えがみつからないのだ、と彼は言っている。確かに、はじめてマスターズに挑戦したときに比べると、ゴルフは大きく変った。そこまでは本人もはっきりわかっている。でも、まだいまは興味津々の少年の心なのだ。

「あれから8年も経って、今年で5回目のマスターズなのに、まだ17歳ぐらいなのか？　そう言われれば、勉強不足で申し訳ありません。と謝るしかないけど、それほどマスターズは偉大なんだと思う。今年、果たして自分が何歳になれるか。ひょっとしたら23歳ぐらいになっているかも知れないし……」

少年は、再び大人への旅に、今年も出発する――。

我が球筋と戦略
2オンには理想的なドローを2回続ける必要がある　**中嶋常幸（当時31歳）**

子どもの頃から漠然と考えていたコース・マネージメント、いわば球筋とホール攻略に対する考え方はオーガスタでプレーするようになって、かなり明確になったのだろうと今では思っている。

アマチュアのひとにもわかりやすく説明するには図のようなチャート（次頁参照）が必要だろう。そう、まるで潜水艦の潜望鏡のようだが、標的のフェアウェイやグリーン上のピンを中心に、縦軸にボールの高低を、横軸にボールの曲がりをメジャーして、空間に正円をイメージする。そのホール、そのショット時の状況（風や湿度、体調、心理状態etc……）に合わせ、どんな球筋を打つかを、そのなかで考えるのである。

「そんなモノは打ってみなければわからない」という感想もあろう。が、アマにはアマの、プロにはプロの、こうしたメジャーが必要なはずだ。そして、技術が高度になれば、軸の目盛りが細分化されてくる訳で、それに比例して球筋の数は増えるのだ。

ただ、この球スジ・チャートの全域を使うほど、多種多彩な球筋を要求されるような完璧なコースはない。というより、こちらの技術がそこまで高度でないと言うべきか。

例えば、完ぺきなコースに限りなく近いオーガスタ。ここは一般に「ハイ・ドロー」が有効と言われているが、そればかりではいけない。ホールによってはフェードも必要だ。それだけオーガスタで、バーディを重ねるのは難しい。

これが、全米オープンのように、コース・セッティングを難しくしたコース、それもアンダー・パーの競演にならない舞台だと、チャートは左半円主体になる。また、全英オープンのように、リンクスコースの場合は、下半円が主体になる。前者が安全なフェード系の球筋主体にゲームを組み立てる戦略に対し、後者は風に負けないドロー・ボールを中心に考えるからである。

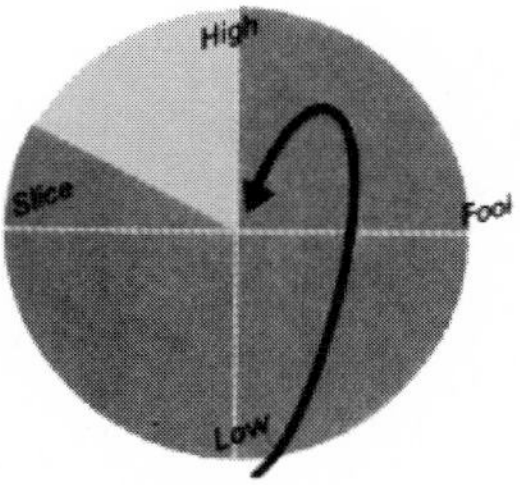

マスターズの球スジ・チャート

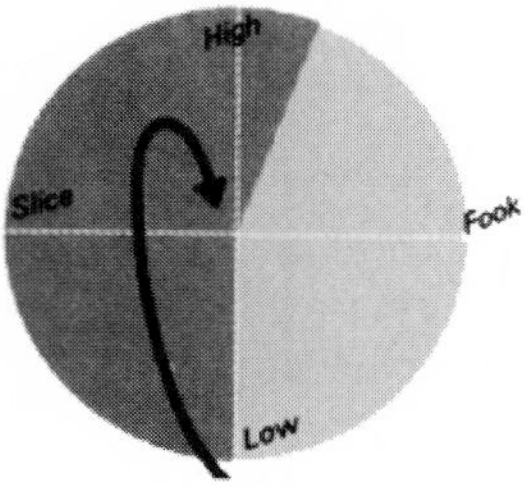

全米オープンの球スジ・チャート

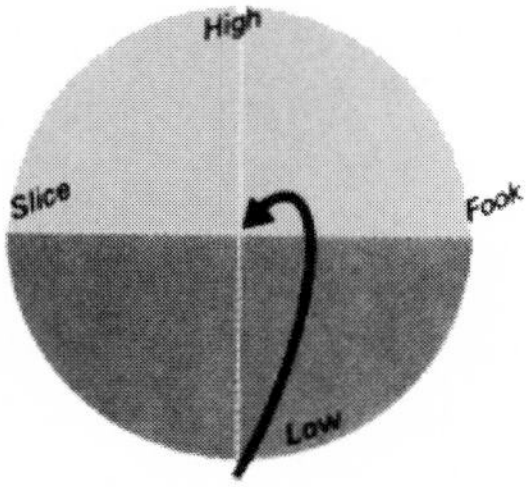

全英オープンの球スジ・チャート

「オーガスタ神話」ハイ・ドローが有利なコース設計

確かに、ハイ・ドローを打つべき（もちろん、バーディを狙うために必要な戦略として）ホールレイアウト図を見てもわかるように、左ドッグレッグするホールが多いことも事実だ。だからといって、その全部がハイ・ドローでティーショットするとは限らない。主題を理解しやすくするために、オーガスタのインコースを例にして話をすすめてみる。

例えば、ぼくが1978年に「13打を叩いた13番ホール。ここは、ティーショット次第で2オンを狙うのか、クリークの前に刻むのか、その二者択一をするより、ティーグラウンドでの的確な判断を必要とする。バーディ、イーグルを狙わざるを得ない場合は、ティーショットから制約がある。つまり、左ドッグレッグのコーナーにあるクリークぎりぎりのポジションへ、ドローで長打しなければならないのだ。

そこだけが、フラットなライで、ロング・アイアンによる2オンが狙えるからだ。そこは、ワトソン、ニクラスの指定席で、ワトソンなら4番アイアン、ニクラスで2番アイアンぐらいが平均的なセカンドの番手だろう。

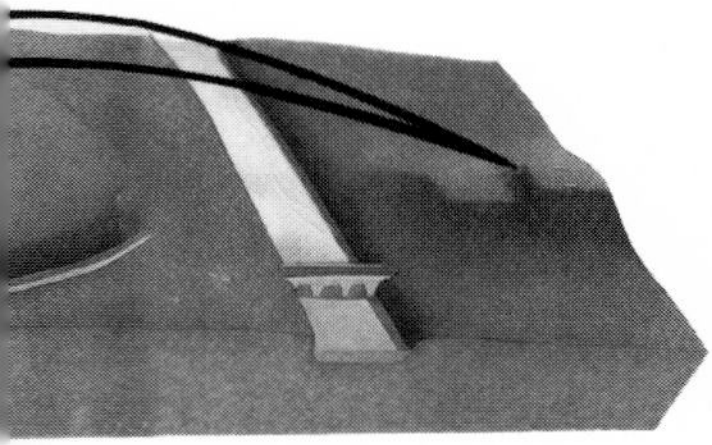

1975年にニクラスが5度目の優勝を果たした翌年に、ティーを後ろに下げて485ヤードとしている。が、485ヤードになった76年に、長打者レイ・フロイドが4日間すべてのパー5でバーディを獲って優勝。「パー5でもロングヒッターに有利」との風評に82年には465ヤードに再変更された。ボビー・ジョーンズのコンセプト「非常にすぐれたショットを2回重ねれば届くべきである」の原則もあるが、現在では510ヤードとなっている。(2019年の平均打数　4.4737 ホール難度18位)

ぼくは昨年一度だけ6番アイアンでセカンドを打った。この時はティーショットが、アッ、危ない！ と叫びそうなほどのフックボール

13HOLE「AZALEA」
465YARDS
PAR5

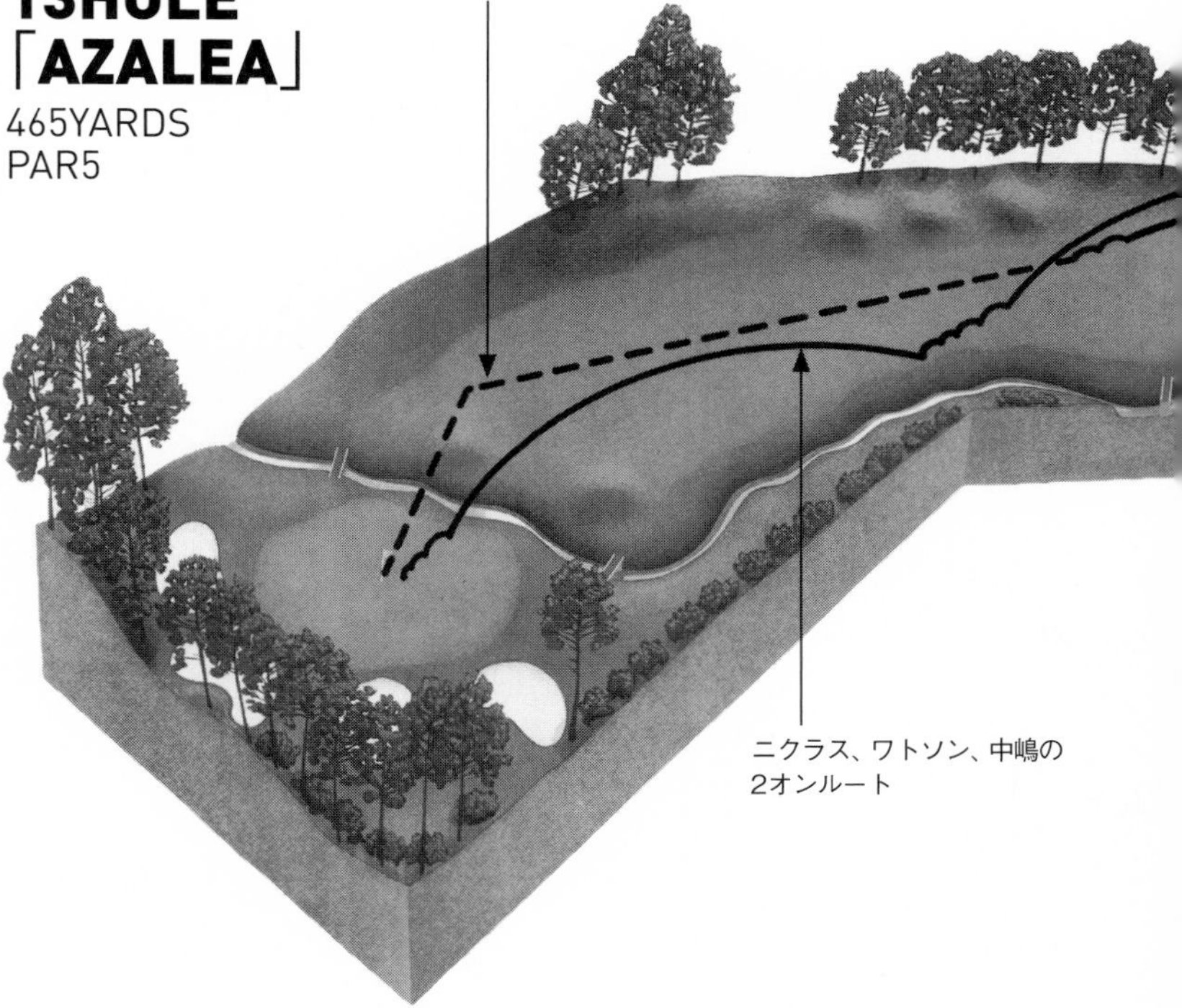

で、左コーナーにそびえる樹林すれすれに飛んだ。でも、こんなショットは100発打って1発あるかないかで、意識的には打てない。ここで余裕を持ってティーショットを打って行ったら、2番アイアンを使わざるを得ない。しかし、このクラブであのグリーン手前にある小川を越すというのは、やはりきつい。いやな気持ちになる。で、

ウッドを持ちたくなる。今度は、クラブのチョイスだ。

3番ウッドだと大きなライが前上がりだからフックする。改めて2番アイアンを持つことを考えるとどうだろう。前上がりでしかもボールが沈んでいる。ここから低く出てホップして行くハイ・ドローを打つとなると、果たしてその確率はどうだろう。

こういう状況で日本選手のなかに何人、この球筋を打てる選手がいるだろうか。いくらうまく打ててもミスする確率は非常に高い。仮に確率が50パーセントだったら、僕は狙わない。少なくとも、70、いや75パーセントの自信の裏付けがなければ狙えない。もちろん3番アイアンでは、かなり力まないと届かない。今年は、球筋とルーティングを考えて、2番アイアンを外して、クリーク（5番ウッド）をバッグのなかに入れようと思っている。

問題はもうひとつある。13番で言えば、セカンドもドロー系が必要である。が、仮に理想的な球筋で13番をバーディで通過しても、恐いのは、その限界に近い球筋を一発打つたびに消耗する神経と、体についたドローのクセを、次のホールで切りかえるのはもっと難しいのだ。『このボールを打たなければいけない』という気持ちは、かえって脅迫観念を抱かせるだけで、いい結果は得られない。そのために腰が止まったり、回転がスムーズでなかったりしてミスしやすい。むしろ『イメージ通りの球が打ちたいなぁ』と、気持ちのなかに漂わせる程度にとどめておく余裕が欲しいと思う。

つまり、自分の心のなかで限界から少し内側まで精神状態を戻すだけの柔軟性が必要なのだと思う。『絶対、こう打つぞ』ではなく、ある部分で判断停止してイメージする。これが18ホール、いや72ホールの長丁場を持ちこたえられる、球筋の考え方だと思う。

（1986年5月Choice 28号より）

みたむら・しょうほう
1949年神奈川県生まれ。立正大学仏教学部卒業後、ゴルフ雑誌編集長を経て、77年に独立。スポーツ分野の記事、編集プロダクションの草分け的存在に。「ナンバー」の創刊にも携わる他、テレビ、ラジオなどのメディア媒体でも活躍。95年には、米・スポーツライター・ホールオブフェイムを受賞。

注1　同じく1978年、セント・アンドリュースで開催の全英オープン3日目。16番までトップタイの中嶋はガードバンカーに入れ、そこから脱出に4打を要した結果、パー4の17番で9打叩き、優勝争いから脱落した

オーガスタを攻める球筋の美学②

聖地巡礼

プレーヤーの最大の勇気と最高の技術を引き出すスポーツフィールド、
オーガスタにはそんな形容がつけられることも。
挑戦を続けた若き日の青木のシンキングゴルフを通じて
オーガスタが要求しているゴルフが何かを追求。
松山英樹優勝での青木功、中嶋常幸の涙の理由がここにある！

菊谷匡祐
Kikuya Kyosuke

ニッポンのゴルファー青木功が、世界のゴルフ界に認知されたのは、80年の全米オープンで4日間、ジャック・ニクラスと大激闘を演じたときである。周知のように、その2年前、青木は世界マッチプレー選手権に勝っていた。ディフェンディング・チャンピオンとして翌年は、決勝戦でこそビル・ロジャースに負けたものの、青木が世界のトップレベルのゴルファーであることを十分に知らしめもした。にもかかわらず、世界は青木をまだ知らなかった。全米オープンという、格の上でもコース・セッティングでも世界の最難関をいくトーナメントの大舞台で主役を演じて初めて、青木功というゴルファーの何たるかが認められたのである。

何より、競った相手がよかった。前のシーズンから不振に悩んでいたニクラスの大復活がファンを動員したし、その大ギャラリーがそのまま「東洋の魔術師」の証人になったからである。

たとえ全米オープンといえども、無名の選手がポンと飛び出して、チャンピオンの座に駆け上ってしまうことがある。それはそれで新しいヒーローの誕生ではあろうが、概してファンは湧かないものだ。そんな試合展開で、青木が2位になったのであったら、おそらく今日の米ツアーにおける青木の位置はなかったであろうと思う。

やはり、あの80年の全米オープン優勝者が帝王であったところに青木の大きな運があったのだ——。

その青木が、マスターズではかばかしい成績をあげられないでいる。74年来、11回にわたって出場しながら、予選落ちが5回、最高位が85年の15位である。米ツアーの他の試合での活躍に比べ、もうひとつ納得のいかない結果だとは言えまいか。

世上、オーガスタ・ナショナルはハイ・ドローでなければ攻略できない——という。そのため、フェードヒッターである青木のゴルフでは、このコースに通用しないと説く人が現れてくる。それが果たして正鵠を射ているのかどうか、ゴルフの専門家でないので、判断がつかない。

しかし、かつて青木はフッカーかつロングヒッターであり、それ故をもってトップ・プロたり得なかった。球筋をフェードに変えて、一転彼は日本ゴルフ界のトップに立つことになったのだ。

考えてみれば、いささか奇妙である。全米オープンで通用し、全米プロでも通用し、全英オープンでもまた通用したゴルフが、オーガスタでだけ通用しないことなどあり得るのだろうか？

このコースの生みの親であるボビー・ジョーンズは、こう書いている——。

「オーガスタ・ナショナルはショットを咎めるためのコースではない。かたく、鋭いグリーン・サーフェイスは、プレーヤーの気性を厳しくテストするコースである。その難しいグリーンは激しい不動のコンセントレーションと決意を要求する」（『ゴルフ我が人生』より）

その言葉にもかかわらず、オーガスタのバンカー、池、クリークは、ショットを厳しく咎めるハザードである。だからこそ、ボールの正確なプレースメントが必須になってくるのだ。

青木は、過去、このオーガスタに翻弄された。ハザードに負け、グリーンに敗れた。そして、ある意味では、ハイ・ドローでなければ攻略できないという〝常識〟にも意識を乱されもしたであろう。

「オーガスタへ行くと、ゴルフの奥の深いとこが毎年、毎年、わかってくるんだ……」

と、あるとき青木はいった。

「だから、出られるかぎりは挑戦してみたいと思っているんだけど、ね」とも。

オーガスタというコースで、青木はボールを打ち、転がす技術を試されているのではない。ゴルファーとしての全存在を問われているのである。

だから、オーガスタ・ナショナルは、青木功にとっていわば聖地である。毎年、春4月、マスターズへ出かけて行くのは、メッカへの巡礼である。ゴルフの心への帰依であり、自分のゴルフを検証するための旅である。だから、本当は、青木にとって成績など二の次なのかもしれない。

我が球筋と戦略

パールートがいまだにみつからない……青木功（当時43歳）

オーガスタ・ナショナルをどういう球筋で攻略するかだって……？　難しい質問し

てくれるなぁ。正直なとこ、過去11回もマスターズに出場してきたけど、どういうホールで、どのホールを、どう攻めていけばいいのか……は、手探りの状態だったと思うよ。もちろん、オーガスタは高いドロー・ボールで攻めなきゃ攻略できないって言われているし、事実、左ドッグレッグのホールも多いし、ドッグレッグしてない真っすぐのホールでも、フェアウェイが右から左へと傾斜しているのが多いわけだから、言われるとおり、高いドローで攻められれば一番いいんだろうね。

確かに、そうなのかも知れない。過去フェード・ボール打ちがマスターズで勝ったことはないんだし、ね。全盛期のリー・トレビノでも、オーガスタには通じなかった。チャンピオンはほとんど例外なく、ドロー打ちでしかもロングヒッターだったのは事実だもん。そういうことなんでしょうよ。

でもね、ホントにドロー・ボールじゃなきゃ攻めきれないのかって言ったら、必ずしもそうじゃないような気もするんだ。それよりも、あのマスターズの大舞台で、自分のゴルフがちゃんと出来るかどうかのほうが、ずっと大きい問題なんじゃないかと思う。なにしろ、出場しても予選落ちしちゃってるんだから話にならないよ。結局、自分のゴルフが出来てないわけ……。自分じゃあ、雰囲気にのまれてるとも思ってないけど、ね。

それでも、この3年ばかりはほどほど自分でも納得いくゴルフ、できてきているのよ。それだけマスターズの雰囲気と、オーガスタのコースに慣れてきたんだろうな。もともと、自分じゃオーガスタが自分に合ってないコースだなんて、ぜんぜん思ってなかったんだ。確かに、長い。ハザードも厄介だし、グリーンも難しい。で、ロングヒッターが有利だということになるんだろうけど、コースが難しいのはみんな同じことでしょ。難しいなら難しいなりに、こっちは小技で勝負していく手もあるわけよ。そう思ってから、オーガスタで自分なりのゴルフができるようになってきたんだと思う。

そりゃあ、ドローもフェードも、自由に打ち分けられたら理想でしょうよ。オーガスタはドロー打ちに有利というけど、ホントはドローとフェードを場合に応じて打っていければ一番いいんだ。

例えば、1番400ヤードのパー4。ゆるい右ドッグレッグで、フェ

アウェイの右に深いバンカーがある。自分の飛距離だと、キャリーでちょうど入るあたりなんだね、あれが。だから、このホールの理想的な攻め方としたら、ストレートボールで、バンカーの左端を、キャリーで越えていければいいわけ。それだけ距離が出ないいんだから、フェードで左から打ってくことになるのよ。それが、自分なりの1番ホールの攻め方なんだね。

ところが、第2打でグリーンを狙う段になると、左手前にバンカーがあって、ピンの位置にもよるけれども、ここはドローで攻めたほうがピンに寄る確率が高いんだ。まぁ、そういう次第でさ、オーガスタは必ずしもドロー打ち有利ってばかりじゃないんだよ。

1番ホールの第2打なんて、ピンに寄せなくたっていいの、ホントは。グリーンの真ん中へのせて、2パットでパー。それで上等なんだよね。

問題なのは、4番のパー3と5番のパー4のホールよ。ここでボギーを叩いちゃうことが多かったんだ、これまで。4番は205ヤードだったか、長いでしょ。球筋がどうこうっていうよりは、距離が長いからバッフィくらいで打たなきゃならない。それでグリーンを外すわけ。そっから寄らず入らずってことになっちゃうんだ。けど、もっともこのホールは、けっこうみんなボギー打つところでね。むしろ、ダボにしないように注意してればいいいんじゃないかと思うよ。

困るのは、5番。435ヤードって距離より、だらだら上りになってて、しかも左ドッグレッグで、またそこの曲がり端の左側にバンカーがある——これがものすごく効いているわけよ。このホールへくると、つくづくドロー打ちのロングヒッターは有利だなぁって思う、ホントの話。去年（85年）は最終日に、このホールでグリーン手前のエッジから20メートルぐらいのパット入れてバーディ獲ったけど、難しいよ、5番は。

しかし、アウトはまだいい。誰でもボギーは打つんだから、その分2番と8番のパー5で何とかバーディ獲って帳尻を合わせておくわけ。ここで4獲っとかないと苦しくなるんだ。

オーガスタで一番難しいのは、10番のパー4だと思う。485ヤードって距離だもんね。いくら下りのホールだからって、やっぱり長いよ。ここじゃ、もう、しょっちゅうボギー打ってたっけね。でもおととしと去年は無事に通過してるんだ。自分じゃ、ストレートボールを打ってくつもりでドライバー打ってるんだけれども、右からちょっとドロー気味にボール飛んでるみたい。だから結構距離も出てて、2打目のクラブがその分短いのになってるんだろうね。

おととし一番しくじったのは、13番のパー5だな。ご承知の通りの左ドッグレッグ、フェアウェイは右から左へ大きく傾いていて、その左側にはクリークがあって、それがグリーン手前を横切ってるやつ。オーガスタがドロー打ちじゃないとダメっていうのも、このホールなんかが典型なんでしょう、きっと。自分らのドライバーの飛距離だと。真っ芯喰ってちょうど第2打でグリーンに届くかどうかってあたりにボールが行くわけ。ボールのライは前上がりの左上りになるんだね、これが。手前のクリークに落としちゃいけないと思うから、目いっぱいひっぱたくと、大フック、グリーンの左のバンカーのもっと左、土手の途中のツツジの藪にボール入っちゃったりするわけよ。だからと思って、今度はグリーンの右から攻めてこうとすると、ボール戻ってこないでクリークに落ちちゃったり……。おとしはそれで6と7打って、結局終わってみたら1打差の25位（当時、翌年の出場権は24位タイまで）、口惜しかったぁ、やっぱり。

だから去年は4日間、13番の第2打は全部刻むつもりで打ったわけ。プレスの連中にはダラシナイと言われたりしたけれども、自分のゴルフするっきゃないって、2オンの誘惑いっさい振り払った。で、4日間パーだったけれども、果してこれが正解だったかどうか、評価するのは難しいとこだろうと思ってるんだ。何故かと言うと、1打でもスコア縮めて上位を目指そうと思ったら、やっぱりパー5でバーディ獲ってかなきゃならないわけでしょ。

13番のグリーンまわりはやたら難しくて、2打で刻んでも第3打でピンに寄らないのよ。攻めか守りか——ここが思案のしどころなんだ。でも、結局、自分としては無謀な2オン狙いよりは、フェードでフェアウェイをキープ、2打で刻んで第3打のアプローチに賭けるのがアオキ式って気がしてる。

おととしの13番の代わりに、去年は11番でつまずいちゃった。あのグリーンは、右から池のほうへメチャクチャに速いんだ。ベン・ホーガンもこんな厭なホール2度とやりたくないって言ったらしいけど、第2打でグリーン狙うとき、どうしても気持ちが右へ逃げ

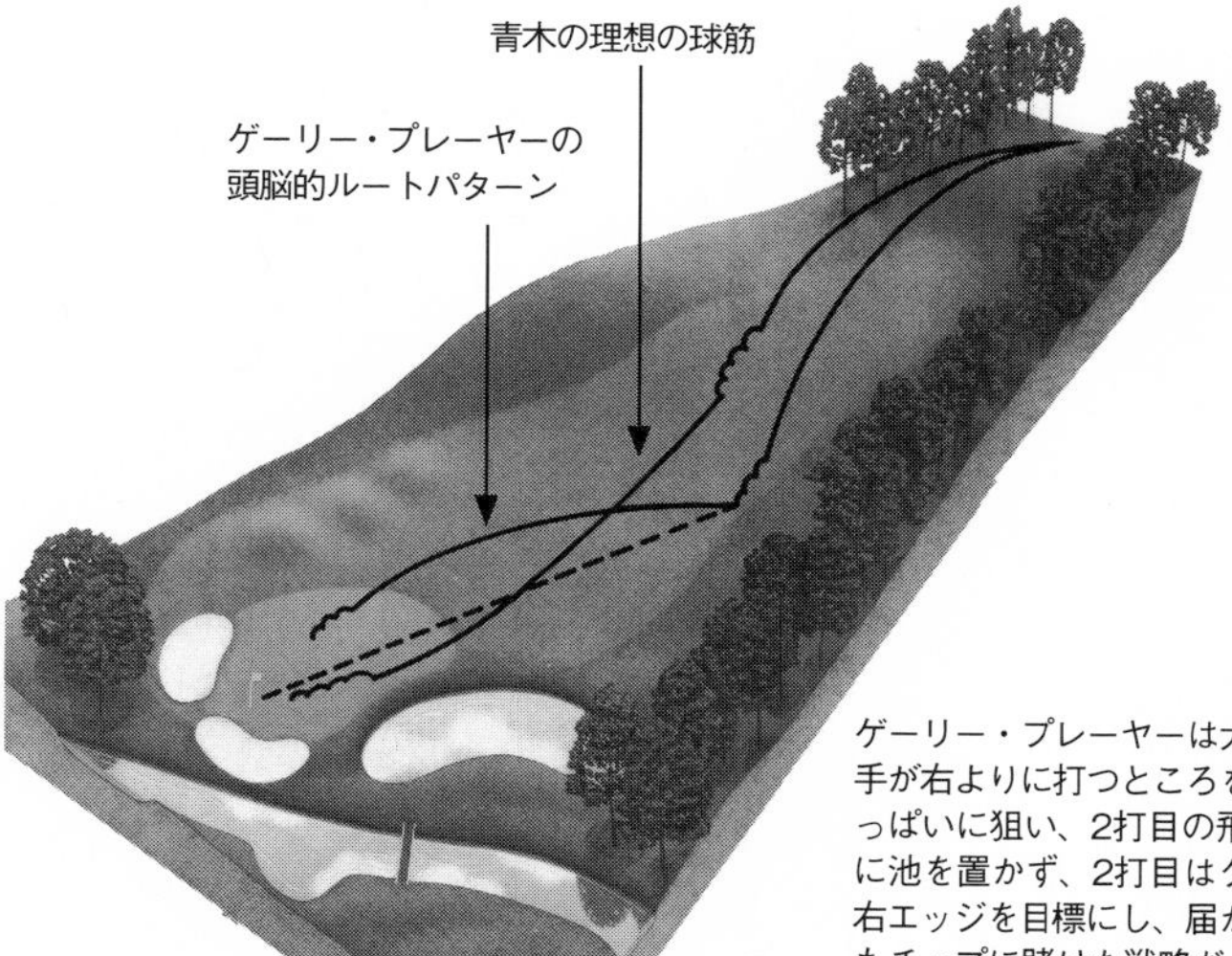

ゲーリー・プレーヤーは大半の選手が右よりに打つところを、左いっぱいに狙い、2打目の飛球線上に池を置かず、2打目はグリーン右エッジを目標にし、届かなくてもチップに賭けた戦略だった。高いドローより低いドロー、低いドローより低いフェードを得意とする青木にとっては、鬼門となるホール。現在では505ヤードとなっている。（2019年の平均打数4.400 ホール難度1位）

11HOLE
「DOG WOOD」
445Yards Par4

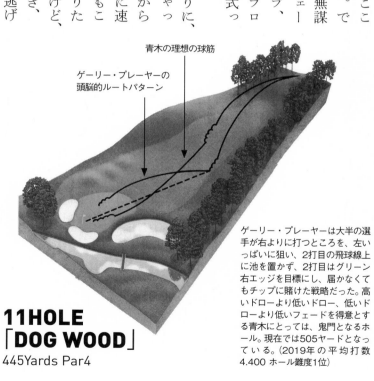

ちゃう。去年はドライバーが全体にちょっとドロー気味で、距離もよく出てて2打は7番で打ったんだけど、2、3日目、最終日ともグリーン右へボールはずして、ダボ、ボギー、ボギー。がっくりよ。

似たようなことは、16番のパー3にも言えるわけ。このホールじゃ、むかし、左の池へ2発もボチャンやっちゃって、そういう記憶があるもんだから、右奥のバンカーへボール打っちゃうことが多いな。

ところが、この右奥のバンカーが最悪。グリーンは池のほうへ急傾斜してるでしょ。おっかなくて、突っこんでいけないんだね。で、寄らず入らずボギー。ラウンド終盤でこれやると、こたえるんだ。自分のゴルフを通すんなら、16番も11番の第2打と同じで、池のほうからフェード打ってくるのが一番いいんだと思う。フェードなり、フックなり、曲げる球筋を打つ場合、危険なゾーンから安全なゾーンへ逃げる、というか曲げるのがセオリーなんだ。そうは思ってても、現場じゃついつい逃げちゃう。結局、自分の球筋がもうひとつ安定してないからだし、いろいろ迷わせるところがオーガスタっていうコースに魔女が棲んでるっていわれるとこなんだろうし、マスターズっていう大舞台の独特な雰囲気なんだろうね。

でも、もうそろそろ、マスターズでも自分のゴルフが十分出来てもいいんじゃないのかな。そう思って、約1カ月もハワイでキャンプ張って、フェード・ボールをしっかりまた自分のものにしようとしてたわけよ。幸い、パッティングの調子も上向いてきてるし、自分の球筋つかめたら、今年はそこそこ行けると思う。要するに、自分はフェード打ちに徹すればいいのよ。

過去、マスターズであんまりいい成績出せなかったのは、高いドロー・ボールが打てなかったからじゃなくて、むしろ高いドロー打とうなんて思ったりしたからじゃないか……って反省してるんだ。フェードに徹すること、これが青木のゴルフだもん。

（1986年5月 Choice 28号より）

16HOLE
「RED BUD」
170Yards Par3

幾多のドラマを生んだ舞台。美しくも危険な池越えはロバート・トレント・ジョーンズ・シニアの改造設計。1947年までは150ヤードのクリーク越えだったものを、レダンタイプに変化させた。青木の攻め方は、左傾斜のグリーンに合わせたフェードだが、池の上からスライスさせるときの心境は……。ジョニー・ミラーがボギーをたたいて勝ちを逃したのは1971年だった。（2019年の平均打数2.9079 ホール難度13位）

日本人選手とマスターズ、あの時代

AONそれぞれのマスターズ

三田村昌鳳
Mitamura Shoho

I'll be back every year, if I have to walk fifteen hundred miles to do it.

１９４６年の勝者、ハーマン・カイザーがこう言った。

勝者でも敗者でも、一度しか出場しなかった選手でも、それは同じ。

グリーンジャケットに手をかけられないでいた日本人選手、そして尾崎将司。

摩訶不思議な魅力にとりつかれた男たちにとっての〝マスターズ〟とは。


プレスルームにあるテレビのモニター画面が、いきなりプツンと切れた。ここで今日のゲームは、サスペンデッドになるというコメントが、音声の最後だったような気がする。プレスルームは、人いきれで息が詰まりそうだった。一斉に記者たちの腰が上がった。そのままデスクに戻ってタイプライターを打つ記者。インタビュールームに向かう記者。目当ての選手を捕まえに走る記者。これからが俺達の仕事だという様相は、日本もアメリカも変わらない。

モニターは、ちょうど尾崎が17番ホールで第2打を2メートルにつけ、この日3つめのバーディを決めたところだった。テレビ画面では「現在5位タイ」で終わった格好になる。

試合は、3日目を迎えていた。

途方もない1日だった。すでに夕刻の6時をはるかに回って、7時に近かった。試合は、まだ終わっていない。

雨が、降り続いている。オーガスタの緑も、アゼリアの彩りも、そのあざやかな色彩を失っていた。もうあたりの風景にコントラストもなくなって、暗い灰色に濁ってしまっている。視界もゴルフをする環境下ではなかった。暗さに慣れた人が、何とか目を凝らしてどうにかボールの行方を推測できるというほどだ。

ぼくも、思い切ってプレスルームを飛び出した。朝のラッシュアワーの駅のようにコースを去っていくパトロンの人波に出くわした。それと逆行して18番ホールのグリーン方向へと向かった。傘が邪魔になるほどの風雨と勾配の強い登り坂で、ぼくは勢いを失った。

クラブハウスの前の大きな木の下で、激しく降る雨をしのいで尾崎の組を待つことにした。

もうすぐ17番ホールから尾崎の組が戻ってくる。ここからパトロンを挟んで最終ホールのグリーンは目の前だ。いつもならグリーンをぐるりと囲んで人の大きな波ができているのに、その数もまばらだ。パトロンは、雨と激しい風をしのぐために、思い切り小さくしゃがみ込んで、芋虫のように丸まっている。ここから見えるのは大きなゴルフ用の傘だけで、人間の存在を感じることはできない。

辛抱強いパトロンの派手な傘が、このときほどわびしく感じたことはなかった。こんなマスターズには、出くわしたくなかったと思いながら、ぼくはポケットからよれよれの煙草を取り出して、火をつけた。

ふとみると、ゲームを中断してそのまま17番ホールからクラブハウスに戻ってくるはずの尾崎が、18番グリーン上にいるではないか。顔がひきつっている。少し歩み寄ってみると、尾崎についていた日本人記者が、これまた情けない顔で「ダボですよ、ダボ!」とはき捨てるようにいった。なんだって?

「だってサスペンデッドだろ?」

記者は、何も答えなかった。

尾崎は、こともあろうにプレーを続行してしまっていたのだ。

オーガスタ嫌いのトレビノが燃え、マスターズ委員会とパトロンの虚々実々

……朝。第1組のグレッグ・ツゥイッグスとD・A・ワイブリングがスタートしたのが10時25分。天気は、悪くなかった。それから最終組までの36組がスタートを終わるまで3時間10分以上かかっていた。午後2時。72名の選手が、全員コースに散った。2人1組、ツーサムでまわる方式は、現在ではマスターズだけといっていい。最初の2日間をリードしたのはニック・ファルドとリー・トレビノだった。初日、トレビノが5アンダーでトップに立ち、ファルドは4アンダーだった。

トレビノに注目を浴びせたのは、パトロンだけでなく300人を越す記者たちの間でも同じだった。1968年のマスターズが、彼の初出場である。以来、毎年なにがしかの資格を得て招待状を受け取っている。ところが、4回だけ試合に出ていない。

1977年は、初日に「病気のため」棄権という記録が残っている。しかし1970年とその翌年、1974年の3回は「資格あり。戦わず」と記されている。「明らかに出場拒否だ」という記者もいた。

トレビノとマスターズの相性は、いいとはいえなかった。

彼はメキシカンで、封建的で閉鎖的でスノッブな南部の白人の空気に合わない。特にマスターズは、白人社会のイベントという雰囲気が色濃く映って、それがトレビノを刺激していると書かれもした。

実際、ぼくの知る限りでも十年ほど前まで、彼はクラブハウスに入ろうとせず、車のなかでスパイクにはき替え、そのまま練習場にいきスタートするという行動をとっていた。

また、技術的な面を指摘する評論家もいた。彼の持ち味であるフェード・ボールでは、オーガスタは攻めきれない、という理由である。

そうだろうか、という疑問はこれにも残る。いずれにせよ3回の「出場辞退」の事実は、いまも消えていない。そのトレビノが、初日トップに立ってインタビュールームに呼ばれた。彼のインタビューはどんな場合でも聞き逃したくない。おもしろいからだ。

好調の原因は？　ときまって切り出すのも世界共通か。とすぐ、例の早口でまくしたてが始まる。

「ここで、君たちが期待している最後の男だからさ。これを頂くとオレは、グランドスラマーってか（笑い）。まぁ、オレにとってここで頑張らなくてはならない重要な要因は、まず、ニューベイビーができたこと。義理の母親が、初めてここに来たこと。今回が出場資格のある最後の年であること。練習日にトム・ワトソンと『来年は、2位以内という資格で来なくちゃいけないな』と話していたんだ。もうすぐシニア入りの歳になるし、それに向けて調整しておかないといかんだろう？」

遠くから雷の音を聞いたのは、午後3時半を回ったころだったか。黒く、ぶ厚い雨雲はるか16番ホール奥の森の向こう側に見えていた。そのとき最終組のリー・トレビノとニック・ファルドは、まだ最初の9ホールを終えていなかった。雨の音でさっさとクラブを捨ててしまったのは、トレビノだった。1975年のサザン・オープンで雷にでくわし、ひどく痛い目にあっているからだ。

3時45分、中断――。選手がフェアウェイから消えてどこかに避難した。雨は、予想どおりそれからすぐやってきた。あっという間に雨雲は、オーガスタの森を覆ってしまい、動こうとはしない。いきなり、雨は激しさを増した。雷の音とともにプレーは中断されて、この雨でさらに時間を費やした。

尾崎は、ちょうど10番ホールを終えていた。これからアーメンコーナーを通り抜けていく、その矢先だった。選手とパトロンの雨宿りがコースのあちこちではじまった。雨は、容赦なかった。

1時間が過ぎても事態は好転を見ることはできなかった。長時間の中断は、選手にとっても運営するマスターズ・コミッティにとっても、耐え難い時間だった。

トーナメントオフィスはクラブハウス脇にある。その外からでも、声を荒げているのが聞こえてくる。ドアの出入りも頻繁になってきた。

コースに点在している競技委員たちのトランシーバーの応答は、ほとんど途絶えることはなかった。各ホールから本部に連絡が入る。グリーン、フェアウェイの状況を逐一報告して、水が溜まっているグリーンにロールドライと呼ばれるスポンジのローラーをかけて水を吸い取る。選手のプレー状況から逆算して、残り時間を計算する。各コミッティへの連絡、問い合わせ、テレビ中継ブースとは、回線をつなぎっぱなしだ。電話と2～3種類のトランシーバーを手にして、目を血走らせているのが、トーナメントディレクターだろう。今日を切り抜けることも必死だが、それ以上の悩みの種は明日、最終日の一日である。予報は明日も雨、である。

「ともかく」

と18番グリーンサイドにいた競技委員が、渋い顔でいった。彼の透明のレインウェアは、ほとんど役立たずになっていた。

「選手には気の毒なことだが、明日のことを考えると、このままで中断するわけにはいかない。せめて3分の2がホールアウトしないと、明日のプレーも消化しきれなくなりそうだからね」

「最悪の事態になったら？」

意地悪だったかなと思いつつ、ぼくは、つい聞き返してしまった。

彼は冷静だった。きっとぼくとここで出会うまでのおよそ1時間、雨宿りの退屈しのぎにかこつけたパトロンたちから、同じ質問を浴びせられたに違いない。まるでテープレコーダーを聞かされているような無機質なトーンで答えた。

「雨で、最終日が翌月曜日まで持ち込まれた例は、過去に2回ある。最初は1973年。やはり土曜日に豪雨が降って、第3ラウンドが日曜日に。最終ラウンドが、月曜日に移された。……次が、1983年だ。この年はマスターズ史上最悪の天候で、金曜日に行われる予定の第2ラウンドが、結局、すべてを消化するのに日曜日の朝までかかってしまった」マスターズ・コミッティたちが、自分たちではどうにもならない天候に右往左往している様が目に浮かんでくる。

ぼくは、プロショップへ足をはこんでみた。ここも朝の山手線並みの混雑だ。右手にドル札を持ち、左手に傘、レインウェアを持ってキャッシャーから重なるように列を作っている。もうショーケースには雨具と呼べるものは皆無だ。列を離れてうろついている客は、買う振りをしている雨宿り組か、一歩出遅れて雨具を買えない客である。マスターズのスーベニアに群がるのは、何も日本人ギャラリーばかりではない。

アメリカでは現金よりもカードが、幅を利かせている。ホテルにせよ、レンタカーにせよ、カードが信用の代行をしてくれる。いくらドルを積んでも車を貸してくれないけれど、カード1枚ですべてことたりる。プロショップでも当然カードは使える。マスターカードだろうが、アメックス、ビザ、なんでもこいだ。

しかし、このクレジットカードが発端で事情を知らない人は命取りとなるかもしれない。それはカードを使用することでこのところやけに目立つシーズンバッジ（4日間通しの入場券）の闇販売ルートの究明の突破口となるからだ。末端で3000ドルまでに跳ね上がっているというマスターズのシーズン・バッジ。オーガスタ委員会から売られている価格はたったの90ドルである。

この正規の販売ルートはマスターズ委員会である。ほかの団体、会社には販売委託していないことになっている。もう何年も前に、希望者を募ってリストを作成し、そこに直接送っていくわけだ。大量に手に入れることは、ごく一部（出場選手に、平均6枚を実費で。ほかにスポンサー、テレビ局、オーガスタやアトランタの商工会議所などの団体に売られているといわれるが、数に限りがあるし定かではない）を除いて不可能である。

そう、基本的には、である。

「といっても、蛇の道は蛇。うちはどんなチケットでも手に入れることができる。ローズボウルだろうが、タイソンのタイトルマッチだろうが、チケットと名の付くものなら必ず手に入れますよ」

たまたまオーガスタのレンタカー屋で知り合った男性が、豪語した。名刺を見ると「スポーツ観戦者サービス」という肩書きが書かれていた。この道では有名な会社らしい。

全米から集まったパトロンがこの町にお金を落とす。
地元の人たちにはなかなか切符がまわってこない

あまりにも末端価格が跳ね上がり、目に余るダフ屋の横行に、マスターズ委員会も黙ってはいなかった。去年、その対策を練って「Gメン」を配備した。ツアーの客を装って、彼らのシーズン・バッジについているナンバーをチェックした。その番号をリストと照合し、誰が転売したのかを割り出す手段をとった。

そのためにシーズン・バッジのデザインが少し変わった。横長だったそれは、一回り大きい縦長になって通し番号も大きく見やすくなっている。委員会は、リストにある正規の購入者に手紙を書き、

「もしも今年あなたが不必要なら、委員会が買い戻します。しかし、転売をしたことが判明すれば、今後貴殿に割り当てるバッジはありません」というような内容だった。

さらにプロショップなどでカードを使うパトロンは、必ずバッジの番号をカード用紙に記入することで、カード使用者とバッジが同一人物かを照合したのである。成果は、昨年で130人余りが検挙？ されたことでもわかる。

こうまでして守り抜くのがマスターズの〝伝統〟だ。

「マスターズは等身大に映るカガミ」と呟いて去った中嶋常幸

3日目の遅い午後――。

アーメン・コーナー。いつもなら、この時間、この場所がもっとも美しく輝く。遅い午後の太陽が、深い森の木々の合間を縫って、長い影をつくる。その光と影の織りなす風景と、そのなかで戦う選手の姿がマスターズらしさを際立たせる、はずなのに。再び、フェアウェイに選手が姿を現したのは、5時10分だった。雨は止みそうにない。

尾崎はアーメン・コーナーを苦しいゴルフでプレーしていた。何とか切り抜けていこうというゴルフでただ踏ん張っているという感じが強かった。13番ホールでボギー、ついにボードから消えてしまった。

初日、尾崎は1アンダーでプレーを終えて6位タイにつけた。2日目はものすごい強風だった。首位を走るトレビノらと5打差の12位で決勝戦に進出した。3日目のできがそのまま最終日に影響することは本人も知っている。その正念場が、いまだ。尾崎はきっとひとつの別れ道の標識の前でたたずんでいる。尾崎は2年ぶり8度目の出場だ。

パトロンも口数がグンと減っていた。深く静まり返った風景に、ただ傘を弾く雨音だけが、苛酷な闘いを物語っているようだった。どの選手もきまって灰色に濁った薄暗い闇のなかにからだが溶けていて、ショットする瞬間、瞬間、シャフトの冷たい光だけが浮かび上がってみえる構図となっていた。

「どうですかね、日本選手は……」

ぼくは、ふとその言葉を思い出した。

3月が終わりに近づくころになると、挨拶は決まってこれからはじまる。もううんざりなんですよその言葉には、と心のどこかで思いながら、

「なにがですか？」と聞き返す。

「マスターズですよ」敵もしつこい。

そういうやり取りの会話を思い出しながら、ほんとにどうなのだろうとしみじみ思っていた。日本選手が、勝てないわけはないのである。すくなくともぼくがコンピュータで分析したところによると、勝てる可能性は、日本選手も持っている。

数年前、ぼくはマスターズの大型コンピュータの端末からあるデータを拝借した。侵入したわけではない。ちょっとコンピュータ技師を挑発して、貴重なデータを分けてもらったのだ。ここ数十年近くマスターズはスコア管理や速報用に大型コンピュータを導入して処理をしている。いまではたいがいのトーナメントで使用しているが、

当時はめずらしかった。ホール・バイ・ホールの難易度や、個人データまでもがインプットされている。

ぼくが欲しかったのは、歴代優勝者の4日間の全ホール・バイ・ホールのスコアだった。

「さあ、なんでも必要なデータがあったらいってくれ」という自慢気な顔をしている担当者を揺さぶったのだ。

そのデータによると、マスターズに勝つには、初日を3アンダーから3オーバーまでのスコアで納める必要がある。平均で69・86。さらに、出だしの1番は、「パー」が厳守である。今年の尾崎は、見事にクリアしている。ここまでは。

勝者と敗者の分岐点は、最初は2日目の前半の9ホールにある、とぼくのデータ分析では出ている。35・64。これが過去50余年の平均だ。33でもいけない。37でもいけない。34か、35が理想的である。これが実は、イン、つまり後半の攻め方に大きく影響する。勝者たちでさえも、というべきか、2日目のスコア変化が激しい。それもアウトである。

いつしか「アウトは守るコース、インは攻めるコース」といわれたのもこれで実証できる。勝者の4日間の平均スコアが70・15なのだから、これも出せない数字ではない。[注1]

日本人選手が勝てない、いい成績を残せない原因は、数字だけで見るならば、3日目と最終日にスコアがのびないこと。さらに、「攻めるコース」のはずのインに入って、スコアが悪いことだ。

これは、単に技術の差なのだろうか。

尾崎は、アウトを1オーバーでターンしてインに入り、13番のパー5をボギーとした。

尾崎が、アーメンコーナーを通り過ぎてしばらくしたところで、ベン・クレンショウの組がやってきた。彼のパッティングが冴えわたっている。ちょうど5年前の大会で、彼はグリーンジャケットに袖を通すことができた。彼はそのときの土曜日を思い出していただろう。同じケースだった。やはり雨で、サスペンデッドとなっている。違いは、あのときはクレンショウがトム・カイトを追う立場でサスペンデッドになっている。

カイトはマーク・ライと同じ組だった。

「トム、どうする?」

12番ホールにさしかかったとき、ライは何度も尋ねた。

「いや、なんとかもう少し進んでみないか、サスペンデッドになる前にさ」

「……?」

「だって、明日の朝早起きして、そのしょっぱなが、アーメンコーナーじゃ頂けないと思わないか」

首位を争っていたライもカイトも結局、クレンショウに敗れた。彼は、最終日に68をマークして2打差をつけて優勝した。

……風と雨と寒さのなかで、クレンショウは4年前、彼らがそんな会話をしていたことを思い出した。この日3バーディと10個のパーをとっている彼は「誰だってもう投げ出したいという気持ちになる状況だろう。早く終わってしまいたい、とね。僕は、そこで考えていたんだ。こういうときこそすべてのテンポをゆっくりさせようと、それだけ考えてきた。それでも何度もバーディパットを外しているんだ」と言った。

彼は、面白いことにコンディションの悪いマスターズで意外にいい成績を上げている。1973年の雨に悩まされた大会では、アマチュアとして参加し24位となっているし、1983年の散々な大会では2位となり、翌1984年は優勝という成績だ。

誰がいつ呼んだのかアーメンコーナー。それはきっとここが我慢のしどころ、攻めどころというゲーム・マネージメントの佳境になる場所だからなのであろう。そのゲームのピークがこの場所にあるから数々のエピソードを生むのである。12番ホールのパー3では、1980年にトム・ワイスコフが最終日12をたたいて優勝のチャンスをのがしている。13番ホールでは、中嶋常幸が13打を費やしてホールアウトし、それがそのまま、いまでもこのホールのワースト記録となって残っている。初出場の1978年のことだ。

その中嶋常幸は、今回、2日間でオーガスタを去っていった。初日76の51位と出遅れて、2日目もそれを取り戻そうと無理な攻めが祟って81の大たたきだった。

彼にとってこれほどつらいマスターズ挑戦はなかったのではないか。例えば初出場の1978年を考えてみると、当時彼は18歳でただひたすら直線的に前に進んでいくだけのゴルフであった。

「やんちゃ坊主のわがまま息子が、お父さんに、両頬をピチャピチャと平手打ちされて、『お前すこし旅に出てこい』といわれたような気がしますね。今から思えば……」と、いつだったか話してくれた。実際彼は、その後「一度折れて」いる。つまりスランプを経験して一回り大きくなったということなのだろう。そのときのスコアが80・80だった。

彼のゴルフは、ちょうど自転車にのって、頭を下げたまま全力疾走でただひたすらペダルを踏んでいる光景と似ている。彼にとっての視野は、そのペダルと地面がほとんどであった。マスターズでの出来事は、彼が頭を少し前方の視野に向けて走っていくきっかけとなったものであった。

2度目のマスターズ挑戦となった1983年。彼は再びこの13番ホールに立って心のなかでこう思ったと述懐している。

「5年ぶりに家に戻ってきました。少しは成長したと思います。どうか見てやってください」この年の彼は、15位となっている。

「マスターズ年齢」という表現をしたのも中嶋だった。自分に当てはめたものだが、いい表現をするなと思う。

「初めてのとき、きっと僕はまだ未成年、少年だったと思う。そして、2度目の挑戦をしたときが、ようやく少年Aから成人式を済ませられる年齢に近づいたのだと思う。マスターズは、けれど立派な大人になってやってこないと勝てないだろう」

1986年に中嶋は、8位になっている。そこまでは彼の言うように、時が経つにつれての成長があった。そして、1987年は予選落ち。1988年は、33位に終わっている。

「中嶋は、そうとう苦しむぞ」と尾崎に聞かされたのは、昨年の秋のことだった。日本オープンで尾崎と競いあって間もなくのことだから、外側のぼくらから見るとそんなに重症患者という感じはしなかった。

「どうしてですか？」当然その質問がぼくの口から出た。

「自分をなくしてしまっている」尾崎は、そういっただけだった。

春のシーズンがはじまって、中嶋は米ツアーへと出かけた。外電から入ってくる彼の成績は芳しくなかった。さらにスウィングを直したり、クラブを変えたりの試行錯誤をしているという情報も入ってきた。マスターズの練習日、ぼくは中嶋に数ホールついてみた。

「努力の後は、よくわかる。けどつらいね」

「……」中嶋は、苦笑いをした。

「この期に及んでは、あとは自分を信じてプレーするしかないですね」そういって、彼と離れた。ぼくは、中嶋の今の気持ちが、よくわかるような気がする。自分を、自分のゴルフを変えたくないのだ。なんとなく漠然と頭のなかではわかっていながらも、確証がつかめない。8年ほど前の尾崎とよく似ている。

しかし二人が違うのは「こうやっていきたい。誰が何といおうが、今は自分を信じて自分のゴルフを確立させるんだ」という強いエゴが尾崎にはあった。中嶋からはそれがなかなか伝わらない。自分のゴルフの尺度が、明快にならない。注ぐべき器が不安定という状態なのだ。

そういう自分と向かいあってこのオーガスタで戦うほど、辛いものはないだろう。何をやっても欲求不満のはずである。

マスターズは、世界中のゴルファーたちにとって「夢」である。男たちは、その夢に向かってひた走る。ある者は途中で挫折し、またある者は、ここまで辿り着いて夢やぶれる。夢を現実に掴む者は、ごくわずかである。夢を描いてやってきてほとんどが「夢」でなく、現実を見せられる。ゴルファーの聖地オーガスタ。そこには夢なんて甘いものでなく、いつだって自分と同じ等身大の大きな「鏡」を見ることになる。中嶋もそうだ。いまの自分、それ以上でもそれ以下でもない赤裸々な自分を映し出されて日本に戻っていった。

彼は、マスターズ年齢で、自分自身今何歳と評価しているのだろう。

サスペンデッドゲームが尾崎の54ホール目に水をさす

「ちょっとコースを歩かないか」と練習日にぼくを誘ったのは、アマチュアゴルファーの中部銀次郎さんだった。今回はじめてTBSテレビのゲスト解説者としてオーガスタにやってきた。日本アマを6回制覇している。

中部さんは、いまでもシャイな性格で、テンポとスピードを必要とするテレビのなかでは、きっとその持ち味がそんなに出せなかったのではと思う。

「うーん」中部さんが、ため息をつく。

ちょうど15番ホール。パー5の1打目落下地点にぼくたちは腰をおろしていた。

「パワーが違うね」と続けていう。

「たとえば、ティーショットの着地角度。日本では普通35度ぐらいでボールが地面に落ちてくるといわれている。それが、彼らは45度かそれ以上ある。パワーがあるということでの違いは、バンカーショットにもいえる。ここで柔らかなボールを打つためには、パワーが絶対的に必要。もしパワーがなければ、手首を多用しなければならない。そうするとボールは鋭角的に出て、柔らかなボールにはなってくれない。

パワーがあることで、手首を使わずにスウィングできるのだからね。特に、柔らかいボールを軟らかい砂のバンカーで打つのは、難しい。密度の高い砂、軟らかい砂では、摩擦係数が高いので力のない人が打つには、容易ではないよ。

それに1本のクラブで打つ距離が、日本人よりも大きいね。例えば、仮に日本人が10ヤードとすれば、おそらくその倍の距離を楽に打ててしまう。その違いがある」

偉大なるアマチュアゴルファーであり、ある種、憧れと畏敬の念を抱いているボビー・ジョーンズ。オーガスタとそこで行われるマスターズは、そのジョーンズの遺産である。中部さんはその地に初めてやってきて少し違和感を持っていた。それはきっとゴルフそのものよりも、ひとつのイベントとしての完成度ばかりが目立ってしまっていたからだろう。

「ジョーンズの本当の意思が、どこからどこまでなのか、ぼくにはよくわからない」

改めて、マスターズとは何だろうと考えさせられた。

夕刻、7時が回ろうとしている。

ぼくは18番グリーン近くにいた。尾崎を待っている。いま、サスペンデッドとなって、コースに残っていた13名のプロたちが、クラブハウスへ戻り始めている。尾崎は、何故プレーを中止しなかったのか。13番ホールをボギーとしたあと、尾崎は、踏ん張りを見せた。ここに尾崎の技術的な成長があるのだろう。1年前、尾崎はマスターズの招待状を手にしていながら、出場を辞退した。そのとき、尾崎はマスターズという大会を「もう特別な試合として考えないことにする」といった。単にひとつのメジャーという意識以外は持たないと。それが、日本で自分の満足がいくゴルフの完成度をシーズン通して維持できたことで、再び海外、メジャーに目をむけ始めたのである。14番と17番のバーディはそういう尾崎の技術が取ったものだと思う。

勢いづいて、18番のティーグラウンドにやってきた。第一打はナイスショットだった。この間、尾崎と陳志忠の組に、競技委員がいなかった。彼が現れたのは第二打の地点だった。

もしティーショットを打つ前にいわれたら、少しは違った展開になっていたかもしれない。

「俺の性格じゃ、あそこの場面でやめることは難しい。別に後悔なんてしてない。でも痛いね、あのダボは……」

尾崎の夢はここで途切れたといえる。


最終18番ホール。ここには「HOLLY」（ホリー）つまり柊という愛称がついている。それはスペルを1字間違えると「HOLY」（ホウリー）となって、神聖な、聖なる、そして聖者のようなという意味合いに変わってしまう。

ぼくは、この最終ホールをホウリーと呼んでいたい。

405ヤード、パー4
ぼくは、マスターズでプレーオフを今回も含めて4回見たことになる。過去の記憶を振り返れば、プレーオフは9回あった。古くは、1935年である。

ぼくの最初は1979年だった。エド・スニードがこの最終ホールでパットを外してワトソンとゼラーの3人のプレーオフとなった試合だ。スニードのボールは、カップの縁で止まってしまった。じっとのぞき込むスニードの姿が、今でも目に浮かぶ。

「予選落ちだとわかっていても、どうしてもあのパットは入れておきたかった」

あのパットとは、18番グリーンの最後のパットのことである。青木功は、しばしばそれを口に出して言っていた。はじめて聞いたのは、1978年だった「あのパットを入れられるか、入れられないかで、俺の今後のゴルフが決まる」といった。最後のパットを入れたその晩の話だ。その年の秋、青木は世界マッチプレーに勝った。

その青木は、今年のマスターズには招待されなかった。彼は、この週、フロリダのグレッグ・ノーマンの家に投宿していた。

オーガスタのコースは、すでに闇の中に包まれていた。雨は止みそうにない。明日まで降り続けるようだ。

（1989年5月 Choice 47号より）

注1　ちなみに2021優勝・松山英樹は、初日69。出だしの1番は「パー」、2日目前半9ホールは36。4日間の平均は69・5

日本からの挑戦85年。悲願までの足跡

マスターズ出場、日本から嚆矢となったのは1936年、陳清水と戸田藤一郎だった。その前年、2人を含む宮本留吉、安田幸吉ら6人はアメリカ遠征に招待され、その年の12月、陳と戸田は再遠征。その日程にマスターズも含まれていた。当時、マスターズはオーガスタ・ナショナル・インビテーション（1934年〜38年。マスターズの名称は39年から）との名称で、創始者ボビー・ジョーンズの〝プラコン〟的趣き。日本から出場するといえばふたつ返事だったろう。

その後、日本からの出場は1958年まで待たねばならない。その前年、日本で開催されたカナダカップ（後のワールドカップ）で個人、団体とも優勝した中村寅吉、小野光一コンビが招待されたが、寅さんは「おれの飛距離じゃ歯が立たねぇ」と感想をもらしている。

1963〜68年まで石井朝夫（3回）、陳清波（6回）、そしてパワーゴルフの申し子、杉本英世（2回）らが挑んでいるが、ショットメーカー、陳（63年）の15位が最高位。そして69年に現れたリトル・コーノこと河野高明の活躍は記しておかねばなるまい。162cmの小柄な体をカバーするループスウィングで5年連

続出場し、その間に4つのイーグルを奪った。特に初年の17番でのイーグルは米国のメディアを驚愕させた。パトロン達は河野が打つ前に「イーグルかも……」と囁き合ったという。70年の12位は当時、アジア人初の最高位だった。

72年から尾崎将司の登場。続いて青木功、そしてAONの殿《しんがり》、中嶋常幸3人の指定席となる。2000年までに尾崎20回、青木11回、中嶋10回の出場で73年、尾崎の8位は当時、日本人最高位。86年の中嶋8位（91年10位）が目立つくらいで、AONがあわや優勝かというような場面はなかった気がする。1年間で日本公式4冠の、村上隆も2回出場しているが、歯が立たなかった印象だ。ただ82年の羽川豊15位は当時のレフティ最高位だった

1998年〜2009年まではAONの後を継ぐ世代、丸山茂樹（8回）、伊澤利光（4回）、片山晋呉（9回）、谷口徹の群雄割拠の時代といってよいだろう。01年の伊澤は栄冠をつかみかけたといったシーンがあった。それほどジャンボ尾崎仕込みの伊澤のゴルフには勢いがあった気がする。しかしこの〝時代〟の日本選手は予選落ちも多く、伊澤以外は特に目立った成績もない。

2009年には日本で一大ブームを巻き起こした石川遼の登場となるが、5回の出場で3回予選落ち、他は20位、38位と精彩を欠く。

そしていよいよ松山英樹の登場となるが、初出場は11年。アマとして参加だっ

たが、みごとローアマに輝き、その後も着実に歩を固めてきた。15年5位、16年7位、17年11位……。21年、コロナ禍から明けた米国ジョージア州オーガスタ。日本人初の悲願は達せられるのだが、その激戦譜は本書エピローグ編に詳しいので、ここでは割愛させていただく。

TEXT／古川正則（小社特別編集委員）

1977	トム・ワトソン	青木功	28位T	村上隆	予落
1976	レイモンド・フロイド	尾崎将司	33位T	村上隆	37位T
1975	ジャック・ニクラス	尾崎将司	43位T	青木功	予落
1974	ゲーリー・プレーヤー	尾崎将司	予落	青木功	予落
1973	トミー・アーロン	尾崎将司	8位T	河野高明	51位T
1972	ジャック・ニクラス	河野高明	19位T	尾崎将司	予落
1971	チャールズ・クーディー	河野高明	予落		
1970	ビリー・キャスパー	河野高明	12位T		
1969	ジョージ・アーチャー	河野高明	13位T		
1968	ボブ・ゴールビー	杉本英世	35位T	陳清波	35位T
1967	ゲイ・ブリュワー	陳清波	46位T	杉本英世	予落
1966	ジャック・ニクラス	陳清波	23位T	石井朝夫	予落
1965	ジャック・ニクラス	石井朝夫	26位T	陳清波	39位T
1964	アーノルド・パーマー	石井朝夫	40位T	陳清波	44位T
1963	ジャック・ニクラス	陳清波	15位T	小野光一	予落
1962	アーノルド・パーマー				
1961	ゲーリー・プレーヤー				
1960	アーノルド・パーマー				
1959	アート・ウォール・Jr				
1958	アーノルド・パーマー	中村寅吉	41位	小野光一	予落
1957	ダグ・フォード				
1956	ジャック・バーク・Jr				
1955	ケリー・ミドルコフ				
1954	サム・スニード				
1953	ベン・ホーガン				
1952	サム・スニード				
1951	ベン・ホーガン				
1950	ジミー・デュマレ				
1949	サム・スニード				
1948	クロード・ハーモン				
1947	ジミー・デュマレ				
1946	ハーマン・カイザー				
	1943-45　第二次世界大戦のため中止				
1942	バイロン・ネルソン				
1941	クレイグ・ウッド				
1940	ジミー・デュマレ				
1939	ラルフ・ガルダール				
1938	ヘンリー・ピカード				
1937	バイロン・ネルソン				
1936	ホートン・スミス	陳清水	20位T	戸田藤一郎	29位T
1935	ジーン・サラゼン				
1934	ホートン・スミス				

マスターズ歴代優勝者と日本人選手全成績

	優勝者	日本選手全成績			
2021	松山英樹	松山英樹 優勝			
2020	ダスティン・ジョンソン	松山英樹 13位T	今平周吾 44位T		
2019	タイガー・ウッズ	松山英樹 32位	金谷拓実 58位	小平智 61位	今平周吾 予落
2018	パトリック・リード	松山英樹 19位	小平智 28位T	池田勇太 予落	宮里優作 予落
2017	セルヒオ・ガルシア	松山英樹 11位T	池田勇太 予落	谷原秀人 予落	
2016	ダニー・ウィレット	松山英樹 7位T			
2015	ジョーダン・スピース	松山英樹 5位			
2014	バッバ・ワトソン	松山英樹 予落			
2013	アダム・スコット	石川遼 38位T	藤田寛之 予落		
2012	バッバ・ワトソン	松山英樹 54位T	石川遼 予落		
2011	シャール・シュワーツェル	石川遼 20位	松山英樹 27位	池田勇太 予落	藤田寛之 予落
2010	フィル・ミケルソン	池田勇太 29位	片山晋呉 予落	石川遼 予落	
2009	アンヘル・カブレラ	片山晋呉 4位	今田竜二 20位T	石川遼 予落	
2008	トレバー・イメルマン	片山晋呉 予落	谷口徹 予落		
2007	ザック・ジョンソン	片山晋呉 44位T	谷原秀人 予落		
2006	フィル・ミケルソン	片山晋呉 27位	丸山茂樹 予落		
2005	タイガー・ウッズ	片山晋呉 33位	丸山茂樹 予落		
2004	フィル・ミケルソン	丸山茂樹 予落	伊澤利光 予落		
2003	マイク・ウィアー	片山晋呉 37位T	丸山茂樹 予落	谷口徹 予落	伊澤利光 予落
2002	タイガー・ウッズ	丸山茂樹 14位T	伊澤利光 予落	片山晋呉 予落	谷口徹 予落
2001	タイガー・ウッズ	伊澤利光 4位T	片山晋呉 40位T	丸山茂樹 予落	
2000	ビジェイ・シン	尾崎将司 28位T	丸山茂樹 46位T	尾崎直道 予落	
1999	ホセ・マリア・オラサバル	丸山茂樹 31位T	尾崎将司 予落		
1998	マーク・オメーラ	尾崎将司 予落	丸山茂樹 予落		
1997	タイガー・ウッズ	尾崎将司 42位	金子柱憲 予落		
1996	ニック・ファルド	尾崎将司 予落	東聡 予落		
1995	ベン・クレンショウ	尾崎将司 29位T	中嶋常幸 予落		
1994	ホセ・マリア・オラサバル	飯合肇 41位T	尾崎将司 予落		
1993	ベルンハルト・ランガー	尾崎将司 45位T	尾崎直道 45位T		
1992	フレッド・カプルス	中嶋常幸 予落	尾崎直道 予落		
1991	イアン・ウーズナム	中嶋常幸 10位T	尾崎将司 35位T		
1990	ニック・ファルド	尾崎将司 23位	尾崎直道 33位T		
1989	ニック・ファルド	尾崎将司 18位T	中嶋常幸 予落		
1988	サンディ・ライル	青木功 25位T	中嶋常幸 33位T		
1987	ラリー・マイズ	中嶋常幸 予落	尾崎将司 予落	青木功 予落	
1986	ジャック・ニクラス	中嶋常幸 8位T	青木功 予落		
1985	ベルンハルト・ランガー	青木功 16位T	中嶋常幸 47位T		
1984	ベン・クレンショウ	青木功 25位T	中嶋常幸 33位T		
1983	セベ・バレステロス	中嶋常幸 16位T	青木功 19位	羽川豊 36位T	
1982	クレイグ・スタドラー	羽川豊 15位T	青木功 予落		
1981	トム・ワトソン	青木功 45位T	鈴木規夫 45位T		
1980	セベ・バレステロス	中村通 予落	青木功 予落		
1979	ファジー・ゼラー	青木功 34位T	尾崎将司 予落		
1978	ゲーリー・プレーヤー	尾崎将司 予落	青木功 予落	中嶋常幸 予落	

帝王・ニクラスのパッティング哲学とマスターズ

甦れジャック、よみがえれパット

マスターズ史上、この勝利は語り継がれる名勝負だった。逆転勝利のヒーロー、ジャック・ニクラス、46歳での大逆転である。2年半メジャー無冠だった帝王を甦らせたのは、レスポンスZTなる〝デカ・パター〟だった。この名勝負をパッティング哲学の解剖で切り込んだ異色レポート。

杉山通敬
Sugiyama Tsukei

1986年のマスターズほど世界を感動させた試合は長いゴルフ史のなかでもそうはないだろう。ケン・ベンチュリーは、CBSテレビの『US TODAY』という番組で、「ニクラスは引退の時機を考え始めている」と、広言していたという。全米のファンに向って〝専門家〟がそう言ったのである。ニクラスがマスターズに優勝するための客観材料はマイナス要因のほうが多かった。ヒーロー・メーカーの国の国民感情からすると、そうなればなおさらに「ジャックに熱い視線」を送る。その熱い視線に応えたのだから、アメリカ国民ならずとも、ヒーロー健在を喜びたい。

マイナス要因の筆頭に挙げられていたのがパッティングだった。要するに「入らない」のである。本年、マスターズまでに出場した7試合のうち予選落ちが3回、棄権が1回、最高の成績がハワイアン・オープンの39位というのだから〝専門家〟ならずとも「彼は引退の時機を考え始めた」と思わざるを得まいが、しかし、パットさえ入ればまだまだ勝てる、という期待感がその裏にはあった。甦れ！ジャック。よみがえれ、パット。

39位になったハワイアン・オープンから『レスポンスZT』という、例の〝デカ・パター〟を使い始めたのだが、その風変りなパターがニクラスを生きかえらせた。

ショットに関しては、ニクラスはロゴス（Logos）の人と言ってよい。理詰めにスウィングのありようを追求していく完璧主義者である。10歳のときにゴルフを始めて以来、46歳（当時）に至るまで〝理〟によって自らのスウィングの完成を目指してきた。ところが、パッティングでは急転、パトス（Pathos）の人になる。恐らく長いゴルフ人生、つまり少年時代から帝王になった今日、そして今日以後も、パットだけは理屈じゃない、感覚だ。インスピレーションだ。もっと言えば情動とか、衝動のゲームだ、と考えている。そのことをしめす具体例はたくさんある。

スウィングは論理、パットは感性

プロになって最初のメジャーに勝ったのは1962年の全米オープンである。パーマーをプレーオフの末に破った試合だ。18ホールのプレーオフをふくめて、90ホール中、3パットは1回だけだったという。2メートル内外のパットがことごとく入った。その年の2月（全米オープンは6月）に、ジャック・バーク[注1]と練習ラウンドをし、その時はボールをひっかけ気味に左へ外すことが多かった。

「右手の指に力が入りすぎているから引っかけ気味になるのだ。もっと手のひらでグリップするようにして、なめらかに　ストロークしたらどうか」

というのがバークのアドバイスだった。そこでニクラスは、右手を少し開き気味にして、右の親指がシャフトの真上にくるようにすると同時に右の手のひらで直接シャフトをつつみ込むようなグリップにした。一週間ほどこの新しいグリップで練習した後、パターも替えた。それまでは軽いヘッドのものを使っていたのだが、少し重めのヘッドのパターにした。軽いヘッドだと力で距離を加減しがちになるのだが、重いヘッドならスウィングでアジャストできるので、いろいろな速さのグリーンに順応しやすい。こうして、グリップとパターを替えたことが幸いして、62年の全米オープンではたった1回しか3パットをせずにすみ、優勝することが出来たという。

ニクラスは米・ゴルフダイジェスト誌に「メジャー・トーナメント　思い出の一打」という回想を連載しているが、その全米オープン初優勝のときのパットも〝思い出の一打〟としてとりあげている。第4ラウンド17番グリーンでやった4フィート（1・3メートル）のパットである。距離は短いのだが、外せばパーマーに一打リードされる場面だったし、ラインも初めは左へ曲り、ホールの直前で右へ切れる、やっかいなラインだった。このときニクラスはふたつの方法を考えたという。一つはきっちりとラインを読み切ったうえで、そのラインに正確にのるような強さ（タッチ）でポトリと入れること。もう一つはラインのことに神経を使わず、左へも右へも曲らないように強めにしっかりと、ストレートに打って入れることだった。前者はデリケートなタッチが要求されるが、後者は強くしっかり打てばいい。

「緊張による脈拍の高まりとアドレナリンの分泌が盛んになっていることを考えると、ラインを読み切って、カップへポトリと入れる〝ダイ・パット〟をする自信はなかった。結局は私の神経が語りかけるままに〝勘〟を働かせてパットすることにした」

つまり「このくらいの強さでしっかり打てばストレートに転がって入るだろう」という〝あて推量〟を働かせて打ったわけである。ボールはカップの向うふちに当たって、小気味よい音を響かせて入ったという。もうひとつある。

1967年の全米オープンでは6本ものパターをかかえて、一週間前に試合地のバルタスロールに乗り込んだ。とっかえひっかえ打ってみたのだが、どうもうまくいかない。親友のディーン・ビーマン（PGAツアー・初代コミッショナー）がたまたま、練習グリーンでパッティングしていたので、彼のパターを借りて打ってみたところ、すばらしいフィーリングでストロークが出来た。ニクラスの目の色が変わったことに気がついたビーマンは、それがなにを意味するか即座にわかったので、あわてて自分のパターを取り返した。「同じようなパターが車にあるから」と言って、友人にとりにやらせた。ペンキでヘッドを真っ白に塗りつぶされたパターだったが、フィーリングは〝パーフェクト〟だった。そのパターで練習を続け、かなり自信を取り戻した。ところがゴードン・ジョーンズという友人がニクラスのパットを見てこんなことを言う。

「ジャック、どうして君は前のようなパットをやらないんだね。以前はテークバックを小さくとって、キチンとボールを打ってたじゃないか」

ニクラスは〝ガーン〟と頭をなぐられたように感じたという。

「私はいつの間にか無意識に、テークバックを長く、長くしていた。これではボールをキチンと打てず、ゆっくり当てるだけになっていたのだ。こんな打ち方はどんな場合でもしてはいけないことで、ジョーンズの注意はまさにぴったりで適切だった。そ

れから私はできるだけ小さいバックスウィングで、ボールをピシリと打つようにした」(小坂秀二訳『パワーゴルフの秘訣』より)

その年の全米オープンでは4日間で3パットは3回、1パットのほうは17回もあって、優勝した。「白ペンキ塗りパターでは失敗は絶対にあり得ないような気持ちになった」と言う。

ところでニクラスのパターといえば〝ジョージ・ロー〟と決まっていた。1963年からは、ずっと同じパターを使っている、と1974年に発刊された『ゴルフ・マイ・ウェイ』のなかで言っている。ただ、4年半ぐらいの間、他のものをいくつか使った時期があったそうだから、白ペンキのパターはそのひとつだったのだろう。同書のなかで面白いことを言っている。パットに関してはニクラスも〝並のゴルファー〟といった感じがあるので紹介しておこう。

「私は構え方やストロークを、日によって変えるどころかグリーンごとに変えるかもしれない。1回のパットごとに変えることだってある。こうした変化のうちの、あるものは明らかに、そのときどきのコース・コンディション、そのパットがおかれているスロープとか、スピードとかによって左右されるものだ。しかし、大部分は純粋に方法上の調節といえる。特別なストロークの型、構えの向き、テンポの性質といったものを探したり、いろいろ指向的にやってみるわけだ。私がグリーンの上で、カメレオンのようになってしまった好例は1972年の全米プロゴルフ・マッチプレー選手権のときだ」（岩田禎夫訳『ゴルフ・マイ・ウェイ』より）

信念の人みたいにうつるニクラスがグリーン上ではカメレオンみたいになるというのだから、パットはもともと、ロゴスで極めるたちのものではないのだろう。その場その場の状況によって、少年が発情するみたいにしてパトスを総動員するようなゲームなのかもしれない。その全米プロマッチの決勝で、ニクラスがとったスタンスはその夏になってから変えること5回目のもので、ストロークの方法にいたっては15回目ぐらいではなかったかと言う。目まぐるしいほどに、変えた末のパッティングだった。

「だからといって、私にパッティングの自信がないと受け取られては困る。私のいいたいことは、パッティングがメカニカルなものではなく、インスピレーションであるということだ」

試合の前や後で選手が盛んにパットの練習をするのは、パッティングの方法をひとつの〝型〟にまとめあげようとしているのではなく（ごくまれには型の矯正もあるが）、むしろタッチの感覚を高めようとしているのだ。セットアップの方法、ストロークの仕方、そうした動きのリズム感などが渾然一体となって良い〝タッチ〟が出来るように練習するのだ、と言う。

「タッチこそパットの決定的な要素である」と言い切っている。

神業連発で感涙にむせぶ時

さて、マスターズに戻ろう。ニクラスのパットの調子は相変らず、芳しいものではなかった。木曜日のオープニングラウンドでは15フィート(4・5メートル)以内からのパットを11回やったが、入ったのはたった一発しかなかった。スコアは74。

「問題はパットだが、誰かがわたしを脅かしているんだ。その誰かはわたしだけどね」

ショットのほうはダイエットのおかげで〝20歳の若もの〟みたいに精気のあるボールを打っていたという。ダイエットと言っても減量調整ではない。体重を170ポンド(77キロ)から190ポンド(86キロ)に増やしたのである。彼のベストは190なのだそうである。スウィングのほうのメカニズムは46歳という年を感じさせないほどに、パワフルで精度もあがったのだが、パッティングのインスピレーションのほうはいっこうに吉兆を見せなかった。

「むかし、このオーガスタを攻めまくった男がいたんだが、それが誰だったか、想い出せないんだ」(もちろん誰とは自分のことだろう)

試合中にそんなことを考えていたという。首位のグレッグ・ノーマン(6アンダー）とは4打差の9位タイでスタートした最終日も4番と6番で4フィート（1・2メートル）のパットを外してパーとバーディを逸していた。ショットは正確でボールをよくヒットしていたが、パットは相変らずルーズだった。9番で11フィート、10番で25フィートのバーディパットを入れたが、実はまだ〝インスピレーション〟は湧いてこない。

――9番（436ヤード）のティーショットをフェアウェイ中央に飛ばし、第2打をピッチングウェッジでピン右3メートルほどに乗せ、バーディパットを狙っている時に8番（パー5）グリーンから「マスターズクライ」が爆発した。トム・カイトが50メートルのアプローチを直接入れてイーグルをもぎ取ったのだ。その大歓声が静まるのを待ってアドレスをやり直していると再び、8番から「マスターズクライ」が爆発した。カイトと同じ組のセベ・バレステロスが30メートルのアプローチをまたもや入れ、イーグルの揃い踏みをしたのだ。これでセベは通算8アンダーとなりトーナメントをリードした。

この時点でニクラスは2アンダーだったから、9番を含めた残り10ホールで6打の大差がついていた。もはや、「だれかに脅かされている」場合ではなかった。マスターズ委員会の発表では、この日のパトロン（ギャラリー）は5万6200人に及び、彼らはコースのあちこちに陣取り、声の応酬をし合っていた。その応酬合戦がニクラスの情念に火をつけ始めていた。３度目のアドレスをし、ブレードが20センチもあるデカパターをストロークする。白球がホールに近づくにつれ、グリーンサイドから「イエース、イエース」と囁き合う声がもれ、最後は一気にボルテージを上げオーガスタの森を揺るがした。「イエーッ！」つづく10番、11番でもバーディを奪う――。

ところが12番のショートホールでグリーンを外し、２パットのボギーにしたところで目覚めた。その後の成り行きはご存じのとおりなので詳しいことは省くが、13番からの６ホールはバーディ、パー、イーグル、バーディ、バーディ、パー。６ホールで５アンダーである。15番のパー５をイーグルで仕留めたところでオーガスタの森は騒然となる。

「He is hot! He is hot! Go Go Jack!」パトロンが叫びあう。

「騒ぎは耳をつんざくようだったけど、わたしには何も聞えなかった。やるべきことはグリーンに乗ったボールをパットするだけ。そしてバーディを獲ることだけ。やろうとしたのはそれだけだ」

ニクラスの体のなかで、眠っていたパトスが甦った。16番で３フィート（１メートル）のパットを入れてバーディを獲り、17番のティーに上ったところで

「急に涙があふれてきた。こうした経験はバルタスロール（80年の全米オープン、青

木と優勝を争った）で1回、それからこのオーガスタでも、過去4回か5回あったろうか。わたしは自分にいいきかせた。おい、まだやることが残ってんだぞ」

ニクラスが〝泣き虫〟だったとは。

17番で決めた11フィートのパットはそうした、いささかエモーショナルな精神状態のなかで決めたバーディパットだった。感動しやすい心理状態にあったから、インスピレーションが湧いたのだろう。そのパットが結果的には優勝を決めるトドメ[注2]の一発になった。

ギリシア哲学でいう「ロゴスとパトス」が正確にはどういう意味なのか、よくは知らない。ロゴスは万古不易の理法か。パトスは内なる情感か。あるいは内なる情感が引き出す人間の行動か。

ことパットに関しては、ニクラスは〝パトスの人〟と言えまいか。1962年、全米オープンでプロとして初めてのメジャーを制し、1986年、マスターズで18個目のメジャーをものにするまで、理詰めのパットはしなかった。過去、4回か5回、オーガスタで泣けた、というが、それは明らかに勝ったときのことであろう。感涙にむせぶほど[注3]のときに、パットがよく入るのだから〝パトスの人〟と言って、さしつかえあるまい。

それにしても、ゴルフにおけるパッティングの世界は、なんとドラマチックなのだろう。

（１９８６年９月 Choice! 30号より）

（すぎやま・つうけい）

1935-2008　東京生まれ。國學院大學文学部卒業後、ゴルフダイジェスト編集長を経て１９７７年に独立。プロ・アマ問わず幅広く取材し、「ゴルフは文化」の視点で著述活動を行う。鋭い批評眼と深い洞察力でゴルフ評論・著作を数多く残したゴルフライターの第一人者。

注１　１９５６年に２つのメジャー、マスターズ、全米プロを制覇した50年代に活躍したプロゴルファー。２０００年に世界ゴルフ殿堂入り

注２　一時は６打差をつけられながら、アウト35、イン30での逆転

注３　１９９６年11月「ニクラスの１００勝を祝う会」が東京のホテルで開催された席で「息子のジャッキーとともに戦った、この試合が最もメモラブルである」と述懐した。この試合でのキャディは長男のジャッキーを起用。若い目でラインを読ませるためだった

ジョーンズのエピソードを思い出す〝木鶏〟

ノーマンはなぜオーガスタで勝てなかったのか

〝良いショットをふたつ続ければ届くべきだ〟がパー5の設計理念。しかし第2打が7Iか8Iで打てるノーマンにとって、オーガスタにパー5は皆無と言ってよかった。史上最強といわれた長打者ノーマンが勝てなかった理由とは？オーガスタの不思議部分を重ねた珠玉レポート。

金田武明
Kaneda Takeaki

1986年、グレッグ・ノーマンはプロの年間グランドスラムを完遂する可能性をもっていた。ほんの少し、勝負の女神がほほえみかけてくれたら、大記録となるところだった。マスターズの勝利を目前にして、奇妙なボギーで敗れ、全米オープンでは伏兵、レイ・フロイドにしてやられた。ターンベリーでの全英オープンは最終日に中嶋と組み、この時だけは余裕を十分にもって圧勝した。

全米プロの惜敗はあまりにもむごかった。一緒にプレーしていたボブ・ツエーと同スコアで18番フェアウェイを歩いていた。

ツエーの第2打はグリーン手前のバンカーに入り、ノーマンの第2打は旗の根元近くに落ちたがスピンが強く、戻り過ぎてカラーでかろうじて止まった。しかし、どうみても、ノーマンの勝ちに見えた。

ツエーのバンカーショットは非常に柔らかいコントロールの利いたボールで、なんと、ホールインし、バーディとなってしまった。

この瞬間、ノーマンは「まったくゴルフっていうヤツは摩訶不思議なゲームだな!」と思っていたという。しかしその一発で、ノーマンはその試合に関しては殺されてしまった。

1984年の全米オープンがウィングドフットで開かれた時、ノーマンはファジー・ゼラーを逆転するようなパットをねじこんだことがある。残念ながら、グリーンエッジからのロングパットも、プレーオフにもちこむだけのものだった。この時も、ノーマンは、「ゴルフは、おかしなゲームだ(funny game)」といっている。私はこの二つの最もゴルフらしい逆転劇を、ノーマンが冴えた目で見ていることに驚いた。近頃の人間にはない、ゴルフへの愛情のようなものすら感じたのであった。

そして1987年のマスターズ。前年、ジャック・ニクラスの奇跡的な勝利に後塵を拝したノーマンは、追いあげてタイにもちこんだ。セベ・バレステロス、新人ラリー・マイズとノーマンの三つ巴となって10番に進んだ。

10番で、バレステロスが人の影を気にしてスリーパットをして脱落。これでノーマンの勝利は十中八九間違いないように見えた。11番は最も癖のあるホールである。左側にレア・クリークが流れ、そのまま、グリーン左にくいこんで来る。旗が左にあったから、狙うなら、水の危険を避ける訳にはいかない。マイズの第2打はグリーン手前の小山を避けるどころか、遥かに右へ押し出しとなった。誰が見ても、マイズの脱落である。ノーマンは安全にグリーン右部分を攻めた。確率的にも、最高のポジションである。

マイズは少年時代から、オーガスタをのぞき見しながら育った土地っ子である。まだ、油断は禁物だった。マイズの第3打はサンドウェッジで、グリーンのほんの数フィート手前に落ち、静かに走り続け、ホールインしてしまったのである。

ノーマンは、はじめて、頭をかかえて座りこんだ。まさかという大事件がPGAとマスターズと二回、続けて起きたのである。

1987年のノーマンにとって、この春一番は精神的にもかなり痛烈なパンチとなったようだ。どうにも精彩のないパフォーマンスに終わってしまった。

プラチナブロンドの下の野性と知性

今年（1988年）に入って、ノーマンは心機一転、挽回を図っている。気合は十分のようだ。

今年ノーマンがあのショックから立ち直ってどうプレーするかを占うのならマスターズに決まっている。

世界4大競技の一つではずみがつけば、また、快進撃は始まるだろう。

ノーマンが、優勝の最右翼にいながら惜敗し続けているのをみると、ボビー・ジョーンズを思い起こす。ジョーンズは7年間のトンネル時代を経験した。そして、有名な〝オールドマン・パー〟という概念に到達し、ようやく勝ち始め、メジャー13勝という前人未踏の記録を作りあげた。

ノーマンの場合も、あれだけの男がメジャー1勝で終るとは思えないし思いたくもない。ただ一つ他のスターと違う点はオーストラリアに生まれ、育ったということだ。オーストラリアでのゴルフは恵まれている。少年時代からのゴルフに関しては経済的にも、時間的にも、恵まれた環境である。

しかし、プロの世界となると、まったく事情が異なってくる。保守的なPGAツアーの制度にしばられ、大切な青春時代を回り道していることも気になる。アメリカだったら、もっと、おおらかに成長できたであろう才能が、少なくとも2〜3年は不安に押さえつけられたと思うのである。オーストラリアから、世界の舞台として選んだのが英国だったのも、こうした豪州独特の流れのなかでは当たり前だったのだろう。

しかし、ノーマンのコースに対する考え方からすると、アメリカのほうが素質を伸ばすには適していたように思う。

ノーマンは「ゴルフに運はつきものだが、ボールのキックが不測というのでは進歩のしようがない」と、言っている。英国のコースにはありがちな話である。左から右への傾斜になったフェアウェイで、左を狙い通りに攻めても、ボールが、右へ行かず、急に左へキックしてトラブルに入ることがある。それは、ラブ・オブ・ザ・グリーンだから仕方がない。それもゴルフの一つの要素だという考え方もある。しかし、そうしたケースが多過ぎると、技術進歩に対する意欲がなくなり、宿命論に傾く危険がある。ノーマンは、現代人だから、宿命論を否定し、自分の道を開拓していく情熱に燃えている。だからこそ、運の要素の少ないアメリカのコースで、技もメンタルも磨いて欲しいのである。

赤いフェラーリをとばすプラチナブロンドの男ノーマンは、スピード違反の常習者

チョイス本誌の取材で愛車と撮影。故障によるツアー離脱中で、ワイン作りと多彩な事業を展開するノーマンにゴルフとビジネスについて訊ねたもの
（２００１年３月Choice１２１号より　インタビュアー／バーニー・マグワイヤ）

らしい。

「ノーマン夫人が運転していたほうが、将来のためになりますな」と、ハイウェイパトロールに警告を受けているという。単なるスピード狂ではないのだが、悪いパスをしたり、わざと妨害されたりすると、俄然ファイトが盛りあがると、告白もしている。極端なケースでは、不埒者を追いかけ、高速道路を下りたところでつかまえ、一発パンチをお見舞いしたこともあるという。

こうした闘争心はゴルフでも発揮される。メジャー競技への準備として1週間も前から調整をはじめると、3日ほどで最高潮に達してしまう。ローラ夫人でさえ「試合のはるか前に、ピークが来てしまう」と感じるほどに、精神的、肉体的な充実をみるというのである。

現在は意識的にピークを試合当日にずらす努力をしているのである。

こうした話を聞くと、ノーマンが試合の時は猟犬が檻から放たれるような気持ちになっていることとかわかる。

ジャック・ニクラス、リー・トレビノ等、誰の場合でも、大競技での彼等は獲物を狙う猟犬のような目つきにはなっている。

しかし、自分をコントロールする限界を越えているとは思えないのである。

荘子の〝木鶏〟が教えているエネルギーのコントロール

ノーマンは1984年全米オープン、最終18番での第2打を押し出し、右観客席にほうり込んだ。1986年、ニクラスに名を成さしめたマスターズでも最終18番の第2打を右の観客席にぶちこんでホギーにした。

このふたつのショットは信じ難いほどひどいものだった。その前のホールまで、絶妙なプレーを展開していただけに、なおさら強烈な印象を受けたのである。

これは、どう考えても、技術的メカニックスの問題ではない。

1926年の全英オープンに時代を戻そう。コースは、ロイヤル・リザム＆セント・アンズ。最終日のことである。当時は、午前18、午後18ホールスのプレーだった。午前のラウンドを終わったボビー・ジョーンズは昼休みをとるために、一緒に回っていたウォルラスを伴ってホテルへ帰った。午後になって、コースへ戻り、選手入口から入ろうとしたところ、ジョーンズは選手章をクラブに忘れていたことに気づいた。ゲートにいた係は世界一の名ゴルファー、ジョーンズを知らずに、入場を拒否した。すると、ジョーンズは何もいわずに、入場券売場で切符を買い、観客口から入場したのである。後で事情のわかった人達はなぜジョーンズがゲート係に何も言わなかったのかと尋ねた。ジョーンズは「選手章を忘れたのは私だし、私の過失ですからね」と平然と答えたというのである。1860年に全英オープンが始まって以来、切符を買って入った人が優勝したのは、この時だけだった。

この話が、時折、私の脳裏をかすめた。単に、笑い話ではなく、なぜ、ジョーンズがそうしたのかである。1916年、14歳でメリオンでの全米アマチュアに出場した時、ジョーンズはミスをすると怒り、クラブをほうり投げるようにしてひんしゅくをかっている。

その後、自分の感情を抑える術を身につけ、精神的に成長し、1923年から勝ち始めたのである。ロイヤル・リザムでの事件は些細なことに波風を立てず、自分の過失をあっさり認め、最もトラブルのない方法を選ぶという賢さの象徴だったように思える。

荘子の中に次のような物語がある。

紀渻子という養鶏の名手が王のために闘鶏を育て始めた。10日ほどたって「もう戦わせてもよいか」と王。紀は「まだです。からいばりして闘争心があるから駄目です」また10日ほどして王が「もういいか？」紀は「他の鶏の声や姿にいきり立つから駄目です」さらに10日ほどたったが「まだ、目を吊りあげ力んで戦いたがるから駄目です」

その後、10日ばかりしてやっと「他の鶏が鳴いても顔色一つ変えなくなりました。まるで木で造った鶏のようです。あがりました」と紀は答えた。確かに、その木鶏をみた他の鶏たちは皆静かになり、こそこそ逃げ出した、という。から威張り↓いきり立ち↓目の吊りあげ↓理想の木鶏という四段階の成長過程である。

双葉山が69連勝を逸した時「われ木鶏たり得ず」と電報を送った話は有名だ。

グレッグ・ノーマンの闘争心は超人的ではあるが、そのエネルギーのコントロールに実は勝利の秘密があるように思える。特にオーガスタのように、ロングヒッター有利とされるコースでのトーナメントでは――。

時代の流れと長打力が設計概念を超えた?

オーガスタでのノーマンのプレーを見ていると、ジャック・ニクラスが271の新記録で2連勝した時のジョーンズの嘆きを思い出してしまう。

「今日私が見たゴルフは、私たちが経験したことのないものだ」と表現したジョーンズはオーガスタの設計意図を超越するほど、スケールの大きいニクラスのゴルフに驚嘆したのである。

今、ノーマンの飛距離はそのニクラスをもはるかにしのぐ。

オーガスタの4つあるパー5は設計当初から「好打をふたつ続ければ届くべき」距離に設定されて来た。事実、オーガスタを征服したチャンピオンの系譜は昨年（1987年）のラリー・マイズのような例外を除けば、長距離ヒッターの血統で塗りつぶされている。特に13番、15番のゲームが煮詰まったプロセスでさしかかるパー5はバーディかイーグルかの採掘場である。ニクラス世代が4〜5番のアイアンで打つところをバレステロスやノーマンは6番以下のクラブでピンをデッドに狙ってくる。もうひとつ、一昨年（1986年）の大会で、ノーマンが信じられない攻め方をした例がある。

オーガスタの18番ホールはゆるい右ドッグのアップヒル・ホールだが、ジョーンズ、マッケンジーの皮肉が利いたレイアウトで有名だ。総じてオーガスタのレイアウトは高いキャリーのあるドロー・ボールが有効な設定だが、最後のひとホールだけはランディング・ポイントを決めたフェードを要求しているからである。

このホール、ティーに立つと林に囲まれた回廊の正面にふたつのバンカーが威嚇している。1967年、ニクラスの3連勝がかかった年に新設されてダブルになったバンカーがドライバーを使うならフェードを、そうでなければティーショットを3ウッド以下で刻めと要求している。一昨年の大会で、ノーマンがドライバーを強振してバンカーを越してしまった。普段はアプローチの練習場となるフラットなライまで飛んだボールは恐らくセカンドをウェッジで打てるだろう。

オーガスタは時代に合わせて随時改造して来た。その変更箇所は100カ所を越えるが、すでにティーを後方に下げる余地はない。

ノーマンの飛距離とスケールの大きさはオーガスタの企画をやや時代遅れにさせつつあると言っていい。

これほどのアドバンテージがありながら、恒例のチャンピオンズディナーに招待されないノーマンがこのまま無冠で終るとは考えられない。

しかし、一方ではノーマン自身が言うように〝It's funny game!〟(だからゴルフは不思議なんだ!)というところかも知れない。

(1988年5月 Choice 40号より)

世界最強の男がオーガスタを制する

勝者の条件

俗に、「世界の4大メジャートーナメント」と呼ばれる試合のなかで最も歴史が浅いのに最も人気の高いトーナメント――それがマスターズ。ローテーションを組まず、『オーガスタ・ナショナル』だけで行われる。「戦略型コース設計の最高峰」と言われるオーガスタのデザイン意図と、その要求にこたえられるのは誰かを探る。タイガー出現前の混戦時代。

川田太三
Kawata Taizo

マスターズ・トーナメントはユニークな大会である。〝世界4大メジャートーナメント〟のひとつに数えられているわりに、その他の英・米両オープン、PGAとは、はっきりしたコンセプトの違いがある。

その一つは、舞台となるコースがパーマネント・サイト（恒久的開催地）であること。そして、出場選手は全員インビテーション（招待制）であることにある。

英米の両オープンの場合、開催コースは7～10コースのローテーションで行われるし、出場選手もオープン競技という大義名分からしてプロアマを問わずに広く門戸を広げ、予選を通過すれば誰でも出場が可能である。

その点、マスターズは招待を受けなければ出場できない。いわば、マスターズはオープン競技の反対で、クローズド競技の典型と言ってもいい。もちろん、出場資格の規定は一応ある。マスターズにおける過去のチャンピオンは生涯その権利を持つし、メジャー3つのチャンピオン、アマチュア競技のチャンピオン、前年マスターズの24位タイ（現在は12位タイ）まで、全米オープンの前年16位（現在は4位タイ）まで、そしてPGAツアー1年間のチャンピオンなどなどである。しかし、それら有資格者プラス外国招待選手など、およそ100人余りの出場者はマスターズ委員会からの招待状を受け取って、初めて出場を許可される仕組みだ。届くまでは、日本のトップ選手でもやきもきするらしい。

このユニークさは何によるものかといえば、すべてはオーガスタ・ナショナルのコースとマスターズ・トーナメントを創始した時のひとりの人間のアイデアに起因する。つまり、マスターズというユニークなメジャー競技は、ボビー・ジョーンズの発案で始まり、それをアメリカのゴルフ界が正式に認知し、世界のメジャー競技になったものである。

アメリカの1920年代、アマチュアでありながら英米のゴルフ界で活躍、

1930年には、グランドスラム（英米オープンとアマを1シーズンで連勝する）を達成して28歳で競技ゴルフから引退したジョーンズは、その存在そのものがアメリカ・ゴルフ界のリードオフマン、ゴルフ良識のシンボルでもあった。

だから、彼のオーガスタ・コースの建設、マスターズ・トーナメントの創設は、それがどんなに画期的で新しいコンセプトに貫かれていても、誰も異議を挟めるものではなかったと思われる。つまり、その時代のゴルフ界からオピニオン・リーダーとして認知されていたし、彼自身も時代に対するレスポンスビリティ（責任）を持っていたのである。

もちろん、ジョーンズには自分のエゴを通そうとする唯我独尊的な発想はなかった。彼はただ単に、子どもの頃から飛び込んだ競技ゴルフの生活に疲れ、引退した暁には愛するゴルフを楽しむために、故郷に一級のコースとクラブを造り、仲間を集めたトーナメントを年に1回開催して、「少年のような心に帰って友人と酒を酌みかわしたかった」だけなのである。

事実、1934年に始まったトーナメントの最初の名称は「ファースト・アニュアル・インビテーション」だった。それをマスコミ、ファンが世界の名手を集めるのだからという理由で『マスターズ』（名手たち）の名前を持ちだし、ジョーンズも承認したのは1938年からだったことからも、彼の謙虚さが窺えるのである。

アトランタ生まれのジョーンズはアメリカ南部の上流階級の人間である。アマチュアゴルファーとして生涯を通し、競技ゴルフから引退してからはエモリー大学のロウ・スクールで学び、弁護士として活躍した。このジョージア州というアメリカ深南部に、上流階級出身の、ジョーンズがオーガスタとマスターズを創設したことに、大きな意味がある。保守的風土の色濃い土地に、社会的なエスタブリッシュメント達をメンバーとする超プライベート・クラブを設立し、そこで年1回、世界から一流選手を集めてトーナメントを開催する目的で創始されたからである。俗っぽく言ってしまえば〝エリートによるエリートのためのプライベート・コンペ〟がマスターズのオリジナルだったのである。

しかし、マスターズが世界の4大メジャーのひとつとなり、オーガスタが1932年に開場して以来、半世紀も時が経過すると、さまざまな変化が起こる。その最大の変化の端緒となったのはジョーンズとクリフォード・ロバーツの死であろう。

1971年12月8日、長い闘病の末に他界したジョーンズと1977年9月、創設以来彼の良きパートナーとしてオーガスタを守ったロバーツの不治の病を察知した自殺による死がマスターズの〝なにか〟を変えたのである。ここで言いたいことは、アメリカの公民権運動の一環として、黒人プロの出場を認めたり、黒人メンバーを承認したとかの変化ではない。時代がどのように変化しようとも、基本的な〝ゴルフ精神〟を守ろうとするゴルフへの責任感の問題である。歴史の浅いアメリカでも、ジョーンズの死後、時代の波は激しくゴルフ界を揺り動かし、ボビー・ジョーンズの文化史的遺産の岸辺をも洗っているのである。

ツアープロの国際化が招いたボーダーレス時代

そのひとつの現象として、ここ10年（1984年～1994年）の過去のチャンピオンの系譜[注1]を見ると、アメリカ以外、外人勢の圧倒的強さが目立っている。果たして、これはなぜだろうか？

それには、現代のプロゴルフツアー界を世界的視野で見直す必要があるだろう。つまり、地球規模にまで広がってビッグ・ビジネスになったプロ・ツアーが、〝国際化〟したことで、選手達にも出身国を問わないインターナショナル化が進んだ結果とも言える。これはひとりのプロがヒーローの座を不動にしていた時代が終焉したことを意味する。

例えば、アメリカだけに限っても、50年代のベン・ホーガン、60年代のパーマー、70年代のニクラス、ワトソンと続いた、時代を画すヒーロー達の系譜に終止符が打たれた。そして、その後は欧州、南ア、豪州など外国の強い選手が台頭して、アメリカ勢と戦国時代を形成しているボーダーレス・ヒーローの時代に突入したのである。だから、今やヒーローの国籍や人種は考慮の他と言えば言える。

しかし、最近10年のマスターズと特に全英オープンにおいては、ほぼアメリカ勢が勝てていない。ただし、その反対に全米オープンでは圧倒的にアメリカ勢が強く、昨年（1994年）の勝者アーニー・エルス（南ア）はゲーリー・プレーヤー以来20年振りの外国人であった。

この違いはどこにあるのか？

それには、それぞれのトーナメントの持つコンセプトの違いについて考える必要がある。全英オープンは歴史あるシーサイド・リンクスのコースでしか開催しないという頑固なまでのポリシーが大きい割合を占めていると思う。完璧にモダンに整備されたアメリカのトーナメント・コースに慣れたアメリカ勢にはリンクスでプレーする機会も少ないのだ。

その点、欧州、豪州、南アフリカなどの地球規模で活躍するインターナショナルな立場のプロはどんなコースにでも自分の技術を順応させる能力を備えている。オール・イグザンプション（前年の賞金ランク125位までのシード制）の弊害とも言われるアメリカの若手の弱体化がここにも見られるのである。

しかし、全米オープンの場合はちょっと違う。開催コースが伝統ある名門に限られ、トーナメント用に改造されたり、ラフを伸ばしたりのタフなセッティングで有名になってはいるが、マスターズとの最大の差は出場する156人という選手数である。選手層の厚さでは世界一の米国ツアープロがこぞって出場する。全米各地の予選から考えれば5000人を超す。そのなかから、その週に身体健康で、プレーも〝当たっている〟絶好調プレーヤーが優勝戦線に顔を出してくる。長い間、この試合のテレビ解説をしてきたが、それでも「こんな選手がいたのか！」と驚くことしばしばである。

ベン・ホーガンが無名のジャック・フレックに[注2]全米オープンで負けたことがある。そんな伝統は今でも生きているし、誰が勝ってもおかしくないほど選手層は厚い。

読者の中には「最近はライダーカップでも欧州が強いではないか？」と思う人もいるだろう。しかし、あの米欧プロ対抗戦は12人対12人の代表制だからで、もしも30選手の対抗戦ならば、一昔前のようにアメリカの常勝だろう。つまり、欧、豪、南アの外国勢対アメリカというジャンルで考えると、ひと握りのトッププロと層の厚いアメリカという図式が見えてくるのである。

パーブレイク（破壊）時代へのオーガスタの抵抗

話をマスターズに戻して、次にコースのコンセプトについて考えてみよう。

オーガスタ・ナショナルは名手ジョーンズとコース設計界の権威、マッケンジー博士というコンビによる画期的なデザインのコースである。なにが画期的かと言うと、その設計思想が戦略的（ストラテジック・パターン）設計の記念碑的な作品で、オーガスタの誕生以後のコース設計家達がこぞって模倣するほどの近代的設計コンセプトだった。

簡単に言えば、ボギーを取るには易しく、パーやバーディを取るには難しいデザインで、各ホールがプレーヤーの技量に応じて、5本以上の攻略ルートが用意されている設計思想だ。

それまで、つまり1910年代から20年代のアメリカ初期のコースはスコットランドのリンクスに思想的影響を受けその造形を真似したり、あるいはアメリカ流に解釈したもので、ミスショットをペナライズするバンカーを多用した科罰型（ペナル・タイプ）設計が主流を占めていた。そんな時代に、バンカーが極力少なく、ラフのない広いフェアウェイ、巨大なグリーンを持つオーガスタを黄金コンビが造ったのだから、アメリカ・ゴルフ界が注目したのも当然だった。

ただし、このコース設計のコンセプトも時代とともに変化が求められた。ジョーンズの生存中に行われた改造箇所は18ホールで100カ所に及ぶが、すべては年1回のトーナメントのための改造だった。ギャラリーには観戦しやすく、試合がエキサイトするようにである。バンカーの数を例にすれば、オリジナルでは27個だったものが現在は50近い。

マスターズ・ウィークのクラブハウスでは毎夜のようにジョーンズを囲んだ晩餐会が開かれるが、火曜の夜は過去のチャンピオンが集まる。そこでの話題が改造の意見を聴くものになっただろうことは容易に想像がつく。

チャンピオンの意見で、ジョーンズが承認できることはすぐ実行される。名だたるコース設計家のほとんどが改造に参加しているが、なかでも最も大きい改造は1947年と1950年のロバート・トレント・ジョーンズ・シニアの手による11番と16番の改造だろう。11番はティーを新設して、右ドッグレッグの短いパー4を50ヤードのばして455ヤードの真っ直ぐに長いホールにした。16番はクリーク越えのパー3を池越えに変えて、今の名物ホールになった。こうした設計変更の目的は美しい景観のためというより、距離を長くして、その後のパーマー、ニクラスなどのパワー・ゴルフに対抗しようとする意図だった。それでもニクラスの2勝目の1965年には271（17アンダー）の新記録が樹立されてしまった。ボビー・ジョーンズがニクラスの出現を見て「彼のゴルフは、われわれが見たことも、経験したこともない別のゲームだ」と嘆息したと言われているが、オーガスタの改造はニクラス以後のロング・ヒッターの飛距離との戦いであった。しかし、ティーを下げるのも限度なので、もう現在の6925ヤードが限界だろう（2021年の全長は7457ヤード）。

しかし、よく考えてみると、現代のトップ・プロ達の飛距離を奨励し、助長したのもオーガスタの設計コンセプトに端を発しているのだからゴルフは皮肉だし、面白い。

ジョーンズとマッケンジーの考え方のなかに「正確で大胆なショットを2度続ければ、パー5ホールでも2オンが可能になるべきだ」とする信条があった。これは、ティーショットの落下点付近のフェアウェイが下り坂で、飛ばせば飛ばすほど有利になる状況を初めから作った。それもハイ・ドローの球筋ほど効果的だったので、「オーガスタはドロー打ちのプレーヤーが有利」とする神話が生まれた。

つまり、パー以下のスコアを狙うプレーヤーには「危険を承知でなら、長打せよ！」とハイ・リスク、ハイ・リターンのコンセプトを設計のなかに盛り込んだのである。コース設計の専門的用語でヒロイック・パターン（英雄型）設計というものがオーガスタのパー5ホールにはあるのだ。そして、10番のように打ち下ろしで長いパー4にも。

だから、ジョーンズの胸の内には大変なジレンマがあっただろうと想像される。英雄型設計でヒロイックなプレーを要求しながら、パー・ブレイク（アンダーパー）の時代が根づいてしまうと、今度はそれに対抗するために改造を余儀なくされたのだから。

「オーガスタはオリジナルな設計が想像できないほど変貌した」と言うコース評論家もいる。また、試合のためにウォーター・ハザードや花にまで精魂込めた手入れをするために「マニキュア（人工）的コース」とも言われる。しかし、ほとんどの改造はマイナー・チェンジだから、ジョーンズの設計スピリットは今でも生きていると思いたい。

一瞬に凝縮されたドラマの核心

世界の4大メジャーの開催コースが7000ヤード以上の距離がない場合、全米オープンのようにパーを70に変えたりしない限り、プレーヤーの飛距離に対抗する手段は少ない。

ましてやオーガスタのように、これ以上ヤーデージを延ばせないし、パーは72にこだわるとなると、コースの戦略に熟知して、果敢に飛ばし、ボール・コントロールの巧みなプレーヤーが優勝戦線にくることは間違いない。

その点、現代のようにトップ・プロの大半がクラブとボールの進化で飛ばし屋に変身すると、オーガスタはなす術がない。ジョーンズ亡き後、時代とゴルフ精神に対する責任を一身に背負い込めるようなキーマンもいないので、画期的改造もままならない。昨年（１９９４年）、初挑戦をした日本の飯合肇が15番５５０ヤードの２打を９番アイアンで打つ時代なのだ。

ただし、それでも飯合に限らず、すべての飛ばし屋は必ずしも優勝戦線に浮上するとは限らないのだから、ゴルフというゲームは面白い。今のマスターズ委員会はそのあたりの勝負の微妙なアヤに期待して、薄氷を踏む思いでトーナメントの展開を見ているのだろうかと思う。

トーナメントとはその時代、その時の最強のプレーヤーを一人だけ選び出すことを理想とするものである。

その意味では、ここ10年間のマスターズ・チャンピオンの系譜は、その理想に近い人間が並んだ。ただし、欧州勢のチャンピオンが並ぶのはなぜかについて、ひとつのヒントは現時点での強者を、世界中のツアーからポイント制で順位表示する『ソニー・ランキング』（現在のワールドランキング）にありはしないだろうか。欧州勢のトップ・クラスが上位を独占して長い。試合毎のポイント制にまだ問題はあるにしても、上位に並んだランガーやファルド、オラサバル達にしてみれば、アメリカに殴り込みをかける時の自信に繋がっていると考えられる。「オレは強いんだ」と客観的に評価されていることはメンタル部分で大変な味方になっていると思える。

それに、欧州ツアーで戦っている彼らにしてみれば、完璧に整備されたコース、オーガスタは勇気と自分の技術に自信があれば攻略はそれほど難しくないと考えても不思議はない。なにしろ、彼らの主戦場である欧州ツアーの開催コースはまだまだ発展途上のコースが大半を占める。18ホール中、ドライバーが2～3回しか使用できないほど危険の多いコースがあることなど日常茶飯事なのだ。

そこへいくと、オーガスタではドライバーを振り回しても良いし、多少ならば曲げても飛んでさえいれば、どこからでもグリーンを狙える。セベが得意とする〝スクランブル・ゴルフ〟がいつも可能なのである。

それに、彼らにしてみれば、マスターズで闘うのは名誉の部類に入る。生活の場は欧州なのだから、あたって砕けろの突撃ゴルフができる。また、それがオーガスタでアンダー・パーを積み重ねる秘訣でもある。

マッケンジーとジョーンズはスコットランドのリンクス・コースの理解で意見が一致した。ゴルフの基本的精神のひとつとして、「冒険する精神に裏付けられたプレーの価値を認めるコースこそ理想的」と考えて設計したのである。

だから、今のアメリカのプロが〝ツアーのサラリーマン化〟、つまり優勝はしないが上位入賞ばかりを目指していると、マスターズのタイトルは外国勢にさらわれる状態がまだ続くだろう。少数精鋭の外国勢の戦闘的メンタリティがオーガスタの持つ精神性とぴったり符号していると思えるからである。

マスターズ出場資格 (2021年現在)

1. マスターズの歴代優勝者（生涯出場可能）
2. 全米オープンの優勝者（直近の5年）
3. 全英オープンの優勝者（直近の5年）
4. 全米プロの優勝者（直近の5年）
5. ザ・プレーヤーズ選手権の優勝者（直近の3年）
6. 直近のオリンピック優勝者(翌年のみ)
7. 前年の全米アマ優勝者と準優勝者(出場時にアマチュアであること)
8. 前年の全英アマ優勝者（出場時にアマチュアであること）
9. 前年のアジア・パシフィックアマ優勝者（出場時にアマチュアであること）
10. 当該年ラテンアメリカアマ優勝者
11. 前年の全米ミッドアマ優勝者
12. 前年のマスターズ12位タイまでの選手
13. 前年の全米オープン4位タイまでの選手
14. 前年の全英オープン4位タイまでの選手
15. 前年の全米プロ4位タイまでの選手
16. 前年 マスターズ以降当該年マスターズ前週までのPGAツアー競技優勝者
17. 前年のザ・ツアー選手権の出場資格獲得者
18. 前年末時点の世界ランキング50位までの選手
19. 当該年世界ランキング上位50位までの選手

※上記の資格に該当しない選手の中で、マスターズ委員会が特別に承認した海外招待選手

危険を承知の上で、ウォーター・ハザードを越えて来るボールがグリーンに乗る。「象が横たわったような」アンジュレーション豊かなグリーンを白球が滑るようにカップを目指す。もし、入ればイーグル、またはバーディで優勝戦線が目まぐるしく変わる……。こんなエキサイティングなゲームが

マスターズの本質にあるのは、そうなるようにコースがプレーヤーに強いているからである。

観戦する側にしてみれば、こんなにスリルと興奮を楽しめるものはない。

1986年、ジャック・ニクラスが46歳で涙の復活優勝を遂げたとき、忘れられないシーンがある。

16番パー3のグリーンはピーナッツ型で、左の池に向かって強い傾斜がある。ピンはその池寄り。このピンにボールを寄せるには、グリーン右側の傾斜に打って、ボールの自然な落下を待つしかない。世界の名手が寄ってたかって攻めても、30センチにつけるのは至難の技である。それを、全盛期を過ぎたニクラスが優勝争いのプレッシャーのなかで披露した。ボールが傾斜をゆっくりと転がる数秒間、観衆は興奮し、ティーグラウンド上のニクラスは半眼のまま瞑想しているように見えた。

究極の舞台設定、至高の技術、美しい景観、歓喜する観衆……。このわずか数秒間のドラマがオーガスタとマスターズ〝事件の核心〟ではないかと思った。

この数秒間の歴史的事件に遭遇したくて、世界の人々がジョージアの小さな町、オーガスタのゴルフ祭典に注目するのだと思った。

(1995年5月 Choice 86号より)

かわた・たいぞう

１９４４年東京生まれ。コース設計家。日本アマ、日本オープンにも出場した競技ゴルファー。１９８０年より日本ゴルフ協会の各種委員のほか、世界アマ、アジア大会などの団長、監督を歴任。全英オープン、全米オープンレフェリー。元ＪＯＣ委員。Ｒ＆Ａ、パインバレーＧＣ会員。これまで設計・監修したコースは22、改造は25。

注1　1984年〜1994年のマスターズ優勝者は、84年米国（ベン・クレンショウ）、85年ドイツ（ベルンハルト・ランガー）、86年米国（ジャック・ニクラス）、87年米国（ラリー・マイズ）、88年英国（サンディ・ライル）、89、90年英国（ニック・ファルド）、91年英国（イアン・ウーズナム）、92年米国（フレッド・カプルス）、93年ドイツ（ベルンハルト・ランガー）、94年スペイン（ホセ・マリア・オラサバル）

注2　サンフランシスコのオリンピッククラブで行われた1995年の全米オープンのプレーオフでベン・ホーガンを下し優勝。初日は6オーバー、最終日も首位ホーガンとは3打差があったが69を出しプレーオフに持ち込んだ。ほとんど無名で自身3度目のメジャー大会だった

若きタイガーが
オーガスタの設計コンセプトを揺るがした

タイガーがマスターズで勝った日

マイク・ベラルディーノ
Mike Berardino

２０１９年、14年ぶりにグリーンジャケットに袖を通したタイガー。脳裏には１９９７年が鮮やかによみがえる。そこには後年、マスターズの歴史を次々に塗り変えることになる若き日のタイガーがいた。タイガー伝説がスタートする初勝利、その熱い４日間のストーリー。

１日目
信じられないことそれは10番ティーで起きた

１９９５年４月、初めて憧れのマグノリア通りを車で通り抜けたとき、タイガー・ウッズは目に映るすべてがあまりにも小さすぎて拍子抜けした。どういうわけかオーガスタナショナルGCのクラブハウスも、彼のイメージのなかではもっと大きかったのだ。そしてすべてが想像よりもずっと小さいことにかすかな落胆を味わっていた。

2年後、あのときと同じ道なのに、タイガーはまったく違った景色を見ていた。

今年彼はプロとして初めてマスターズに出場する。今回彼は自分の使命が優勝以外ないことを知っていた。過去マスターズでプレーした6ラウンド中、アンダーパーは1度も出していないにもかかわらず、彼は自分の優勝を確信していたのだ。

月曜日、タイガーはオーランドのホームコースでの驚異的なラウンドの成果をひっさげてオーガスタへやって来た。数日前、彼は挑戦意欲をかきたてられるアイルワースCCで59というスコアを出している。しかもインは何と27だった。これはただの27ではない。一世一代の晴れ舞台へのはなむけにと、コース責任者が配慮したため、グリーンはマスターズの超高速グリーン並みに刈り込まれており、そんななかでの好スコアは彼にとって非常に価値のあるものだった。

だから初日のアウトでまさかの4オーバーを叩いたとき、いかにそれがタイガーにとって驚愕だったかは容易に想像できる。

ディフェンディングチャンピオンのニック・ファルドとの生涯2度目のラウンドは、初日午後1時44分、快晴無風のほぼ完璧なコンディションのなかスタートした。しかしあいにくスウィングの調子は最悪だった。

1番のティーショットをタイガーは引っかけて林の中に打ち込むと、第2打もグリーン手前左サイドのバンカーにつかまって、のっけからボギー発進。だがこれは序の口で悲劇はまだ始まったばかりだった。

4番パー3、彼はティーショットをプッシュさせ、またしてもパーで切り抜けることに失敗。さらに8番と9番で手痛いミスを犯すことになる。

8番535ヤードのパー5、タイガーはドライバーをフックさせ林につかまると、そこからのセカンドはパンチ気味のショットでフェアウェイに出すだけ。4番アイアンでグリーンを狙った第3打はグリーンオーバーして、ボギーとした。9番のティーショットはもっとひどかった。右に曲げたボールは林のなかへ。そこからウェッジを手にしたタイガーはわずかに距離感を誤った。ボールはグリーン手前の急勾配の土手に落ち、バックスピンでその勾配を転がり落ちたときには、思わずギャラリーから落胆のため息が漏れた。

9番グリーンサイドに陣取った年配の女性はリーダーズボードにちらりと目をやると、頭を左右に振りながら、「かわいそうな、タイガー」と同情の声を上げた。

タイガーにとってそれは想像もしていなかったような屈辱的な結果だった。たとえ一緒に回ったファルドより1打スコアが良かったとしても、それは何のなぐさめにもならない。

「ボクのエンジンはまだ全開じゃなかったんだ」

後にタイガーはフロント9の結果についてそうコメントしている。

「フェアウェイをキープすることができなかったから、そこからではピンをデッドに狙っていくのは無理だったんだ。完全に守りのゴルフに徹してしまった。調子が落ちているときこそ、そんなゴルフはしたくないはずなのに……」

ところで10番のティーグラウンドで特筆すべきことが起こる。重要な競技の真っ只中ではそれは誰にでもできることではなく、天才だけが成しえることだ。タイガーは自分のスウィングの微調整に入る。彼は不調の原因を突きとめ、それを直したのだ。

問題はオーバースウィングだった。トップではクラブが地面と平行になっていたが――それ以上のオーバースウィングには決してなっていたわけではない――それがタイガーのスウィングのタイミングを微妙に狂わせていたのだ。タイガーはややコンパクトな普段と変わらないトップに収めると、結果は目を見張るように変化した。

10番ホール、2番アイアンでティーショットを放ったタイガーは、ピタッとくる手応えを感じた。これだ、これが自分のスウィングだ。そして4・5メートルのパットをねじ込み、この日初めてのバーディを奪う。ここでようやく彼のエンジンは全開となる。続いて12番パー3では9メートルをチップイン、2つ目のバーディを奪う。さらに13番パー5でも2パットのバーディでスコアをトータル1オーバーまで伸ばし、勢いに乗った。

　タイガーがこの日一番のショットを披露するのは15番500ヤードのパー5だった。多くのプレーヤーたちは風に苦しみ、グリーン左手前の新しいピンポジションと格闘していた。無理に2オンを狙うとグリーン手前のクリークにつかまる。かといってオーバーさせればチャンスはない。しかしタイガーだけは例外だった。151ヤードの第2打、ウェッジで楽々とオンさせると、あとは1・2メートルのパットを残すだけだった。そして彼はこのイーグルパットをねじ込むと、スコアボードの数字は黒字からアンダーパーを示す赤字へと変わった。

　17番でもタイガーは3・5メートルを沈めてまた1つスコアを伸ばす、驚異的な追い込みを見せた。この天才を取り巻く大勢のギャラリーたちはタイガーが40・30のトータル70で首位のジョン・ヒューストンに3打差まで詰め寄ったことに熱狂的な声援をおくり、昨年のチャンピオン、ファルドはただの引き立て役でしかなくなっていた。

「オーガスタのフェアウェイはこんなに広いのに、僕はそれをと

1997年1日目　タイガー　Hole by Hole

Round1																					
Hole	1	2	3	4	5	6	7	8	9	OUT	10	11	12	13	14	15	16	17	18	In	Tot
Par	4	5	4	3	4	3	4	5	4	36	4	4	3	5	4	5	3	4	4	36	72
Rnd	5	5	4	4	4	3	4	6	5	40	3	4	2	4	4	3	3	3	4	30	70
Tot	1	1	1	2	2	2	2	3	4	4	3	3	2	1	1	-1	-1	-2	-2	-2	-2

らえることができなかった。ドライバーがひどかった。何が悪いのか自分でよくわかってたから、そこを直すようにした。それからは正しいと思った自分のスウィングを信じることにしたんだ。10番のティーでそれに気づき修正できたことはラッキーだった」

ラッキーという言葉は何とも控えめな表現である。クラブハウスの隣にそびえ立ち、すべてを見守るように堂々と繁る樫の木に腰かけながら、父アール・ウッズは記者たちに息子のプレーを分析してみせた。彼はこんな例えを用いている。

砂漠の真んなかで車がエンコしたらどうするか？ そうなったらとりあえず応急処置をして、一刻も早く問題を解決しようとするだろう、と。

いやが上にも、この天才に対する周囲の関心は高まったのである。

2日目
タイガーのプレーは見守るすべての人々を震撼させた

ポール・エージンガーがタイガーと同じ組でラウンドするのは金曜日の第2ラウンドが初めてだった。もっと正確に言えば、このPGAツアー16年のベテラン選手は、それまでラウンドといわず、練習場でさえタイガーのスウィングを見たことはほとんどなかった。

しかしエージンガーがパートナーの才能を見抜くのに、そう長い時間はかからなかった。「2番で彼のドライバーショットを見たとき、私は〝ワオ〟と叫んでいたよ」

この日6アンダー、66の猛チャージでスコットランド出身のコリン・モンゴメリーに3打差をつけて首位に躍り出たタイガーを評して、エージンガーはそう言った。

それは320ヤードを越えるドライバーの破壊力だけではなく、レーザー光線のように真っすぐピンに向かって飛ぶアイアンショットだけでもない。ましてやピンチになるほど威力を発揮するパッティングだけでもない。タイガーの強さはそれらすべての総合力なのだ。暖かい曇り空の下、タイガーのプレーは見守るすべての人々を震撼させた。

「彼は今日1つだけミスを犯した。それは17番のショットだった」

73とスコアを落とし、タイガーに6打差と後退したエージンガーは言う。

「彼には感心させられたよ。オーガスタという特殊な環境、そしてこれだけの熱気のなかで、今日のように冷静なプレーができることに感心させられた。でもそれはある程度予想していたことだから、決してショックではない。予想通り強かったよ。今日はいくつもの果敢なショットを披露してくれた」

なかでも9番ホール、フックで狙った7番アイアンのセカンドショットは圧巻だった。タイガーの計算より心もち右に飛んだショットは、しかしグリーンサイドを埋めつくしたギャラリーが防波堤の役割を果たし、オーバーを免れた。そこで彼はカラーから2パットできっちり収め、パーをセーブしている。これは1つの例だが、これ以外にもミラクルプレーを随所に見せたタイガーは、大勢のギャラリーを引き連れ、そのなかには母親のクルティダとナイキ社の会長フィル・ナイトも含まれていた。

2番パー5で3・5メートルをチップイン・バーディとした後、続く3番でボギーを叩いたが、そこからはまったく危なげないゴルフを展開する。距離が長く曲がりくねった5番ホールでは、第2打をウェッジでピンそば50センチまで寄せると、それを楽々と沈めてバーディ。

8番パー5では9メートルに2オンさせ2パットでこの日3つ目のバーディを奪い、通算4アンダーでハーフを折り返している。

13番のティーグラウンドに立った時点でタイガーは、首位のヒュースタンから1打遅れをとっていた。が、そのホールを3打に収めてトップに躍り出ると、以降その座を譲ることはなかった。

1997年2日目　タイガー　Hole by Hole

Round2																				
Hole	1	2	3	4	5	6	7	8	9	OUT	10	11	12	13	14	15	16	17	18	In	Tot
Par	4	5	4	3	4	3	4	5	4	36	4	4	3	5	4	5	3	4	4	36	72
Rnd	4	4	5	3	3	3	4	4	4	34	4	4	3	3	3	4	3	4	4	32	66
Tot	-2	-3	-2	-2	-3	-3	-3	-4	-4	-4	-4	-4	-4	-6	-7	-8	-8	-8	-8	-8	-8

それは見事な眺めだった。3番ウッドのティーショット、残り170ヤードで8番アイアンの第2打、そして6メートルのパット。まるで絵に描いたような完璧なイーグルの完成だった（ヒューストンはタイガーの一組後ろで回っていたが13番、10の大叩きでメジャー優勝の夢は打ち砕かれた）。

タイガーは14番でもバーディを決め（サンドウェッジで30センチに寄せる）、15番ではあわやイーグルという2・5メートルのパットを外したものの楽々とバーディで切り抜けると、その日の任務は完了した。しかしホールアウト直後に予定されていた記者会見は、日没が近いこともあり、彼が2箱分たっぷりと練習してから後に行われることになった。

練習場ではブッチ・ハーモンがつきっきりで何発かフェードボールを打たせたあと、ハンドポジションのチェックを入念に行った。彼はマスターズという舞台で2位に3打差をつけてトップに立ったプレーヤーのスウィングを、日没の迫ったこの時点で下手にいじり回すことに、興味があったわけではない。

「ボクはいつでもより良くなれる可能性を秘めている。今日のラウンドでもいくつか気に入らないショットがあったから、ちょっとだけチェックしておく必要があったんだ。これからも悪いショットが出るかもしれない。スウィングがゆるんだ、だらしのないショットは昨日と同じように何発かあったからね」

完璧主義者のタイガーはそれでも若者らしく、少しだけ自慢げな気配を見せた。

「でも今日のプレーにはほぼ満足しているんだ。アイアンの落としどころも良かったから、パットに苦しまずに少なくとも2パットで収めることができた。去年やおととしやってきたような無茶はしなくなったよ」

彼自身のなかにはっきりとした違いが見えていた。それは初日のハーフが終わった時点ではっきりと自覚したことだった。あのときもし未熟なゴルファーなら出口が見つからずに、あのまま落胆の底に沈んでいたことだろう。

「ボクは決してあきらめなかった。ずっと踏ん張っていた。それでもこのコースはとても手ごわいから、とにかく耐えなければならなかった。そのなかでもボクは戦略的なゴルフをしたと思う。ピンをデッドに狙って自滅するのではなく、確実に2パットで沈めればいいと思ってプレーした。だってここでのパーには価値があるからね。もし無理して攻めていたらボギーを打つことなんて簡単なんだ。だから今日のようなプレーができたことを誇りに思っている。ボクは何も無理はしなかったからね」

しかしながら彼はライバルたちを退け、こうして歴史的トーナメントの2日目は滞りなく終了したのである。

「ここで逃げ切るのはむずかしい。しかし彼は例外かもしれない」

とエージンガーは言った。

「プレッシャーがどんなものか味わったものにしかわからないし、このトーナメントでは昔から何か想像もできないようなことが起こるんだ。でもそれを彼なら乗り越えられると思うよ。彼はそれだけ素晴らしい」

3日目
もはや優勝争いなど存在しない

タイガー信者ではなかった者たちを納得させたのは、実にこの日のことだった。金曜日の夕暮れ時、コリン・モンゴメリーはこのメジャーの檜舞台でのプレッシャーを、タイガーならどうやって克服するかについて思いをめぐらせていた。言うまでもなくこれは世界で一番大きな大会であり、とりわけ決勝ラウンドでかかるプレッシャーは計り知れない。タイガーの全米アマチュア3連覇は素晴らしかったけれど……モンゴメリーはそう考えて思いとどまった。

しかしとりあえずこの状況で、彼がどんなプレーをするかが問題なのだ。

「私には経験がある」

とモンゴメリーは思った。しかし優勝争いを演じた経験はあっても彼はタイガーと同じく、未だメジャーの栄冠を手に入れたことはない。

タイガーは快晴の午後、いともあっさりと世界のトッププレーヤーたちを退けると、大差をつけて首位を快走した。65の好スコアを叩き出し、ファルドに5打差、エージンガーに7打差をつけたように、その日74とスコアを崩したモンゴメリーにも実に9打差をつけたのだった。


18番終了時点でタイガーは15アンダーまでスコアを伸ばすと、もはや〝チャレンジャー〟とさえ呼べなくなった観のある後続のイタリア人、コスタンチノ・ロッカに9ストロークの差をつけたのだ。俄然話題はタイガーが果して初のグリーンジャケットに袖を通すか、ではなく、大会史上最少ストロークの17アンダー271を破ることができるか、に移っていた。

この記録は1965年にジャック・ニクラスが樹立し、1976年にレイモンド・フロイドがそれに並んだものである。最終日に69を出せば、タイガーはこの2人を越えることになる。

タイガーはこの第3ラウンド、2番、3番のバーディ、パーで、

1997年3日目　タイガー　Hole by Hole

Round3																				
Hole	1	2	3	4	5	6	7	8	9	OUT	10	11	12	13	14	15	16	17	18	In	Tot
Par	4	5	4	3	4	3	4	5	4	36	4	4	3	5	4	5	3	4	4	36	72
Rnd	4	4	4	3	3	3	3	4	4	32	4	3	3	5	4	4	3	4	3	33	65
Tot	-8	-9	-9	-9	-10	-10	-11	-12	-12	-12	-12	-13	-13	-13	-13	-14	-14	-14	-15	-15	-15

波に乗った。2番でこの日7つ奪ったバーディの1個目を奪うと、3番ではラウンドを通して唯一、あわやボギーかと思わせたが、そこをきっちりとパーに収めてみせた。

何よりもギャラリーを魅了したのはタイガーがオーガスタのグリーンをいかにソフトにとらえるか、だった。それはまるで超高速グリーンを何の変哲もないグリーンと見紛わせるほどの柔らかいタッチだった。2番と11番での9番アイアンのセカンド、5番ホールではピッチングウェッジ、7番と18番ではサンドウェッジを使って、彼は次々とオーガスタのグリーンを攻略した。これほど短いクラブで第2打を打てるのが、タイガーにとっては大きなアドバンテージであり、その結果ファーストパットは決してピンから5メートル以上離れることはなかった。

タイガーは自分の成功は決して驚きではないと語った。

「もしドライバーの調子がこのままなら、つまりセカンドでボクが手にするクラブがこのままなら、いくらでも攻撃的なゴルフができるんだ。ボールにスピンをかけて距離をコントロールできるから、パー4のセカンドで7番アイアンを持つ選手よりも、少しだけ有利に戦えるということさ。でもこれはすごいアドバンテージなんだ。大いに利用させてもらっているよ」

ほとんどの人は違った感想を持っていた。「本当に驚異的だ」

過去6度のマスターズ優勝経験を持つニクラスは、科学者が解析不能のデータに直面したときのように、頭を振ってため息をついた。

「タイガーみたいに飛べば、いくらだって簡単にゴルフができる。でも誰にもあんなプレーは真似できないよ。彼はここをまるで意味のないコースに変えてしまった。だからこそ、この若者が特別なのだ。調子が良ければ、このコースは彼にとって赤子の手をひねるようなものだろう。

ボビー・ジョーンズがこの場にいないことが悔やまれるよ。もしいたら63年に彼が私に対して贈ってくれた言葉を、そのままこの若者に贈ることができただろうからね。〝彼はまったく我々が見たことのないようなプレーをしてくれる〟」

しかし、グレッグ・ノーマン症候群に陥らないと誰が断言できるだろうか。偉大なるホワイトシャークが前年のマスターズの日曜日に予想だにしなかった大崩れを演じたことを、人々は忘れてしまったのだろうか？ ノーマンが6打差をひっくり返され、逆に5打のリードをファルドに許した——トータル11ストロークの大逆転——なら、果してタイガーが同じテツを踏まない、という保証はどこにもない。

ニクラスは手をヒラヒラとさせながら、それを否定する。

「とても頭がいいんだ。タイガーは賢いプレーをする。彼に不測の事態なんて何も起こらないと断言できるのは、それが理由だよ」

この証言を裏づけることをタイガーは土曜日の13番で実践している。彼の4番アイアンでのセカンドショットは左に飛び過ぎて、ボールはグリーン手前の低湿地にとまってしまった。が、そこで彼は欲張って無理にバーディを狙うのではなく、デリケートなサンドウェッジでのアプローチでグリーンをとらえると、きっちりとパーで収めている。

「そこからプレーしたことがある人じゃなきゃ、どれだけむずかしいアプローチかわからないだろう。そこから狙える（落としどころの）許容範囲といったら、このテーブルの大きさもなかった。もう途方もなくむずかしいショットだったんだ。あの難易度を考えると、あのアプローチは今週のボクのあらゆるショットのなかで一番かもしれないと思ったほどだったよ」

次にタイガーの引き合いに出されたのはジェリー・ペイトだった。現在（当時）CBSテレビのゴルフアナウンサーとして活躍しているが、ペイトはメジャー初出場、初優勝の快挙を初めて達成したプレーヤーでもある。それは実質プロデビュー年となった1976年、アトランタ・アスレティッククラブで行われた全米オープンでなし遂げられた。

それ以前も、また以降も、その記録に並んだものはいない。そして今315回のメジャー大会を経て、ペイトは自分の記録に並ばれるときが来たことを悟っていた。

「あれはもう昔の話だよ。記録は抜かれるためにあるんだ。それはもう金曜日にはわかっていた。ロッカールームで私はそう言ったんだ。彼はニクラスになかったものまで備えている。ジャックはあれほどウェッジはうまくなかった。パンチ気味のウェッジショット、グリーン回りやカラーからの細かいショットはそれこそニクラス顔負けだ。それにジャックは決してタイガーほどバンカーはうまくなかったしね。

ジャックのすごさはあの目の覚めるようなドライバーの飛距離と、グリーンを突き刺すアイアンショットに集約されていた。ジャックは偉大なプレーヤーだけど、タイガーはバッグのなかに入っている14本を、あますことなく使いこなすことができる特異な才能の持ち主なんだ」

ペイトは特にタイガーのウェッジのうまさを強調した。しかしタイガーのティーショットの――ドライバー、3W又は2Iでの――飛距離ではすべてのホールでミドルアイアンより長いクラブを封印することができるのもまた事実なのである。

タイガーは圧倒的な飛距離でいとも簡単に、オーガスタの距離が短くトリッキーなパー5を攻略してしまうため、彼にとってここはパー68にすべき、という議論まで飛び出すほどだった。だがタイガーはそれに反論する。

「パー68ということはないと思うよ。現実的にはパー70が妥当だろう。ドライバーの調子がいいからね。13番と15番ではアイアンで2オンを狙えた。2番は決して易しいホールじゃないけど、8番ではまた2オンを狙いたくなるんだ」

だがこれでトーナメントが終わったわけではないことはタイガーも認めている。

「9打差は結構大きいと思う。でも、あともう1日戦っていいスコアを出さなきゃならない。正確なドライバーを打って、賢く考え、いいプレーをする必要がある。何が起こるかを考えると、明日はきっときびしい1日になるだろうね」

そして彼は思う。日曜日の夕方、グリーンジャケット（サイズ42）が、自分の肩に着せかけられたとき、どんな感慨を味わうのだろうか、と。

4日目
偉大なるパズルの最後の一片がはめこまれた

若き日のタイガーにとって最も重要な1日は輝くような日差しと共に明け、最終組のスタート時間である午後2時半を待つばかりとなった。

午後の早い時間、オーガスタ・ナショナルのアプローチ練習場で最終調整を行っていた彼がふと頭を上げると、見覚えのある人物が彼のほうに向かって歩いてくるのが目に入った。タイガーはウォームアップを中断すると、リーとシャロンのエルダー夫妻の歩いて来た方向へ歩を進めた。リー・エルダーは長く困難な歴史を乗り越え、１９７５年黒人として初めてマスターズの舞台に立ったのだ。今日こうしてタイガーが優勝争いをできるのも、道を開いてくれたエルダーがいたからこそだった。彼はタイガーが最後の１ピースをはめ込んで偉大なるパズルを完成させるまで、落ちついた心もちでいさせてあげたかった。

「これはまあどうしたことか！　顔を上げるとそこにリー・エルダーが見えたときのボクの心境は、まるでこんな風だった」

後にタイガーはこう語っている。

「ボクにとってそれはすべての意味を持っていた。彼はボクを奮い立たせてくれた。そこでボクが何をすべきかがはっきりとわかったんだ。これからやろうとすることを励まし、そして勇気づけてくれた」

エルダーの訪問には土曜の夜、タイガーと父アールの間で交わされたこんな会話の布石があった。

1997年4日日　タイガー　Hole by Hole

Round4																					
Hole	1	2	3	4	5	6	7	8	9	OUT	10	11	12	13	14	15	16	17	18	In	Tot
Par	4	5	4	3	4	3	4	5	4	36	4	4	3	5	4	5	3	4	4	36	72
Rnd	4	4	4	3	5	3	5	4	4	36	4	3	3	4	3	5	3	4	4	33	69
Tot	-15	-16	-16	-16	-15	-15	-14	-15	-15	-15	-15	-16	-16	-17	-18	-18	-18	-18	-18	-18	-18

「息子よ。これはおそらく今までお前が戦ってきたなかで、もっともタフなラウンドになるだろう。そして戦いの場に立ったお前が、もし自分自身を失わないでいられたなら、そのラウンドは人生でもっとも大きなご褒美を与えてくれるだろう」

そして1番のティーグラウンドに立ったとき、彼の胸の高鳴る鼓動は、初のメジャー奪取に向け、そして大会最少ストロークの記録に向け、もう1ラウンド爆発的スコアを出すんだという気力で満ち溢れていることを告げていた。母のアドバイスで彼は赤いポロシャツを身につけた。赤は彼に、パワーを与える色なのだ。

にもかかわらず、前半のハーフは危なっかしいラウンドだった　1番ではいきなり林のなかからのパーセーブ。続く2番はむずかしい1・2メートルのパットを沈めてバーディ。ウェッジでのアプローチをグリーン奥のバンカーに入れた5番でボギー。さらに7番では2番アイアンのティーショットを引っかけて林のなかに打ち込みボギー。が、8番ホールでは林からのピッチエンドランを50センチに寄せてバーディを奪っている。

前半を36でまとめた彼は、決して安定していなかったわけではないが、それでも記録を破るためには後半で猛チャージが必要だった。だがタイガーは極力余計なことを

スタンフォード大学在籍時、アマチュア時代のタイガー・ウッズ。
1995年（19歳）で全米アマを2連覇しマスターズ初出場、ローアマ獲得。
翌年、全米アマチュア3連覇（史上初）しプロ転向した考えないように努めた。いや邪念が入り込みそうになると彼はそれを強く打ち消した。

まだ消化しなければならないホールが残っている。記録など考えれば考えるほど好結果は期待できない。欲をかけば思わぬ落とし穴が待っているものなのだ。そうでなければなぜ1966年の全米オープンで、アーノルド・パーマーはビリー・キャスパーに、9ストロークの大差を引っ繰り返されたりしたのだろうか？

目の前のショットに集中することより、ベン・ホーガンの持つ全米オープンの大会記録を意識し始めたとき、パーマーのゴルフは音を立てて崩壊した。だがタイガーにはこれと同じミスを犯す予兆さえなかった。

「最初はとてもむずかしかった。複雑に絡まった感情や頭のなかにわき起こる様々な思考に対処するのが。ボクはそれらの雑念を追い払ってショットを打たなければならなかった」

11番パンチ気味のウェッジショットはピン上6メートルをとらえ、この試合最長の大きく切れる下りのパットを沈めてバーディとした。13番では17アンダーまでスコアを伸ばすが、もしカップ手前で失速した5メートル弱のイーグルパットが入っていれば、もう1打伸ばすところだった。

アカデミー賞俳優ジャック・ニコルソンをはじめ、野球界からはアーニー・バンクスといった、きら星のようなスターたちがギャラリーのなかで同じ気持ちを抱いていた。タイガーのためにチャンスの扉は開かれたのだ。高ぶった神経を鎮めると、彼は再びチャージをかけ始めた。あと1つバーディを奪いさえすれば記録は彼の手に落ちる。

タイガーは一時たりとも時間を無駄にしなかった。14番、彼はロフト60度のウェッジで第2打を2・5メートルに寄せ、それを沈める。18アンダー。彼に残された道は、もう1打もスコアを落とさないことだった。

しかし15番で彼は試合を面白くするような演出を施した。ドライバーショットを大きく右に曲げ、グリーンまで192ヤード、5番アイアンのショットを残したのだ。群がるギャラリーを整理したとき、タイガーは自分のボールが動いたのではないかと思い一瞬ヒヤッとした。彼はマーシャルに確認した後、ボールをマークし競技委員の到着を待った。

ボールは幸いにも元の位置から動いていなかったことが確認された。ペナルティなし。

タイガーはそこをパーで切り抜けた。さあこれからは記録への挑戦である。

「アーメンコーナーを悪くてもパーでしのがなきゃいけないことはわかっていたんだ。集中力を解くわけにはいかなかった。バックナインの池のあるホールに入って、16番のティーショットを打った後、もうこれですべてが終わったんだ、と思った。なぜならそこから連続ボギーでも勝ちは勝ちだったから。池があるとどうしても神経をすり減らすものだけど、ここまで来ればもう安心だ、そんな風に思えたんだ。

タイガーは16、17番と楽にパーをセーブし、勝負は18番を残すだけとなった。が、その最終ホールで彼はドライバーを引っかけ、ボールは大きく左に曲がった（それはカメラマンのシャッター音がバックスウィングを始めた途端響いたのが理由だが）。

膨れ上がるギャラリーはめくるめく時の到来を心待ちにし、タイガーは平静さを保とうと必死だった。一時彼は人垣のせいで専属キャディのマイク・コーワンの姿を見失い、飛び跳ねてキャディの姿を確認した。結局タイガーのウェッジ・ショットはグリーンエッジをとらえ、アプローチを50センチ強に寄せ、それをねじ込んで大会記録を打ち破った。

18番グリーンに上がってくるとき、彼の心に去来したものはいったい何だったのか？

「ウーン、むずかしいパットを残しちゃったっていうのが、ボクの本心だった」

4日間を通して1度も3パットを犯していないタイガーはそのときの心境をこう表現した。

「ボクの集中力は決して途切れなかった。たとえギャラリーがスタンディング・オーベーションで迎えてくれても、全員がボクのことを応援してくれてもね。特別な時間だったけど、自分が今何をしなきゃいけないかだけははっきりとわかっていたんだ」

タイガーはするべきことを成し遂げた。彼はそのパットをカップのど真ん中から沈めると、夕暮れの密度の濃い空気を引き裂くように右手でお得意のアッパーカット式ガッツポーズを突き上げた。

彼は初めてのグリーンジャケットを手に入れたのだ。そして、ジェリー・ペイトと肩を並べ、ニクラスとフロイドが持つ大会最少スコア記録を塗り替えた。トム・カイトは静かにプレーを終えた。6アンダーの2位。しかしタイガーとの差はあまりにも大きく、まるで彼のワンマンショーを見ているようだった。

18番グリーンを下りてくるタイガーを、年配の紳士がアテストテントの前で待ち受けていた。2人は一言も交わさなかった。そう、2人の間に言葉は必要ないのだ。瞳に涙を浮かべながら、父と息子は長いことひしと抱き合っていた。アール・ウッズが丹精込めて育て上げた若者が、今ゴルフ界の頂点に立ったのだ。タイガー・ウッズはマスターズチャンピオンとなった。

クリントン大統領は、何百万人もの視聴者と共に、テレビに映し出されたこの場面に釘付けになった。

「4日間を通して、これが最高のショットだ」
そう彼は漏らしたという。

（1997年12月 Choice 別冊『虎児戴冠』より）
©1997 by Golf Digest-sha and Sporting Chance Media,Inc.

マイク・ベラルディーノ
『オーガスタ・クロニクル』のスポーツコラムニスト。『ゴルフマガジン』、『スポーツマガジン』誌をはじめ『ニューヨーク・タイムズ』、『ワシントンポスト』などに執筆。マスターズ史上に残るベン・クレンショウの劇的な優勝（95年）をつづった記事は96年全米スポーツ記者大賞でゴールドメダルを受賞。

タイガー・ウッズ　マスターズの戦歴

	順位	R1	R2	R3	R4	TOTAL
2021年	欠場	–	–	–	–	–
2020年	38位T	68	71	72	76	287
2019年	優勝	70	68	67	70	275
2018年	32位T	73	75	72	69	289
2017年	欠場	–	–	–	–	–
2016年	欠場	–	–	–	–	–
2015年	17位T	73	69	68	73	283
2014年	欠場	–	–	–	–	–
2013年	4位T	70	73	70	70	283
2012年	40位T	72	75	72	74	293
2011年	4位T	71	66	74	67	278
2010年	4位T	68	70	70	69	277
2009年	6位T	70	72	70	68	280
2008年	2位T	72	71	68	72	283
2007年	2位T	73	74	72	72	291
2006年	3位T	72	71	71	70	284
2005年	優勝	74	66	65	71	276
2004年	22位T	75	69	75	71	290
2003年	15位T	76	73	66	75	290
2002年	優勝	70	69	66	71	276
2001年	優勝	70	66	68	68	272
2000年	5位	75	72	68	69	284
1999年	18位T	72	72	70	75	289
1998年	8位T	71	72	72	70	285
1997年	優勝	70	66	65	69	270
1996年	予選落ち	75	75	–	–	–
1995年	41位T	72	72	77	72	293

優勝5回は、ニクラスの6回に次いで2位、最年少優勝記録：21歳3カ月14日（1997年）、最多連続バーディ記録：7連続（2005年3R／※同スティーブ・ピート1999年）、72ホールの最少ストロークは270（1997年）で歴代2位タイ（2020年にダスティン・ジョンソンが268をマーク）

オーガスタの設計者、マッケンジーの真実

神の大地を造形した男

アリスター・マッケンジーについて、実のところ詳しい情報は少ない。オーガスタの設計については他でも詳しいが、そのほかの作品に迫ることでむしろオーガスタについて見えてくることがある。ミステリアスな希代の名設計家のヴェールをはがす総力レポート。リンクスを研究し、オーガスタで開花させた不滅の名匠の真実！

迫田 耕
Sakota Ko

ドクター・アレキサンダー・マッケンジーを理解するうえで是非とも必要なことが2つある。

1つ目は、MacKenzie の名からわかるとおり彼のルーツがスコットランドにあるということだ。マッキントッシュにしろ、マクドナルドにしろ、「Ｍａｃ」ではじまる名前がつけば、その人のルーツはスコットランド系といえる。

彼の祖父はスコットランドで猟師だったが、父の代に北イングランド、ヨークシャーの中心地、リーズの街に移り住み医者となった。彼は2男2女の長男としてケンブリッジで薬学を学ぶまでリーズで育ち、カレッジ卒業後は医者になる勉強をするためにロンドンに出た。

2つ目は、1899年から1902年までの南アフリカで起きたボーア戦争に軍医として従軍し、軍医であったはずの彼がなぜか戦略的な興味からボーア人たちのカムフラージュ技法を研究するようになることだ。

近代的な兵器を備える統率の取れた大英帝国陸軍は圧倒的優位にたちながらボーア人たちのゲリラ戦法に苦しめられていた。彼らの自然を利用し巧みに身を隠す技法を研究し、土木的な摂理を加えることで彼はカムフラージュ技術を確立し、ロンドンに帰還してから大英帝国陸軍の研究機関のナンバー2に迎えられた。

しかし彼の主張はほとんど評価されないまま、失意のなかで故郷リーズに戻った。驚いたことに、当時研究機関内で大勢を占めていたカムフラージュ戦法とは、巨大な布地にたくさんの兵隊の絵を描き、それを天空に揚げて相手を威嚇する案（！）だったそうだ。

英国ゴルフ設計家協会内では、今世紀初頭のわずか4半世紀の間に8人の男によってゴルフ場設計の基礎が築かれたとの考えが主流である。

アメリカ人が1人も入っていないので当然アメリカ側は違う見解を持っているだろうが、それは私がチャールズ・ヒュー・アリソン（廣野GCの設計者）が入っていないので不満に思うのと同じ理由だろう。

8人の内訳は初めの4人がアマチュアで、後の4人がプロゴルファーである。

カーティン・スミス（年代不明）
ジョン・L・ロー（1869-1929）
ハリー・S・コルト（1869-1951）
アリスター・マッケンジー（1870-1934）
ウィリー・パークJr.（1864-1925）
ハリー・バードン（1870-1937）
ジェームス・ブレード（1870-1950）
ジョン・H・テイラー（1871-1963）

これでわかるとおり、みな、1870年頃に生まれた20世紀初頭に30歳代だった人たちである。

1850年から1870年までの20年間の英国は、英国近代史のなかでも黄金期と呼ばれ「世界の工場」として一挙に富める国となった。

その後、英国は加工した製品の輸出先を確保するため、植民地支配を強め、次第に勢力を伸ばしてきたアメリカ合衆国やドイツ帝国に対抗して帝国主義に傾倒していくことになる。

当時の大都市とは銀行、商業、製鉄などで栄えたロンドン。綿織物工業やそれに伴う貿易、奴隷売買などで富を得たマンチェスターとリバプール一帯。羊毛製品や刃物工業のヨークシャーのリーズやシェフィールド。ウィスキー輸出と造船業のグラスゴーなどであろう。

商工業や貿易によってあらたに富める階層となった一部の人々は、スラム化した大都市を避難する場所としての郊外宅地を求めるようになってきた。これが田園都市運動と呼ばれ、その日本版が田園調布などの高級住宅地を生み出していくことになった。さらに、彼らはそれまでの土地所有を基盤にした貴族階級に比べ、新進気質にあふれ、海外債権や株式への投資が盛んで情報交換の場所としてのクラブ組織を求めていた。

それが自分たちの家のそばにあればどんなに快適なことだろう。

彼らこそが、それまでスコットランドの東海岸沿いのリンクスでしかプレーされていなかったゴルフ場を南下させ、さらに世界的なスポーツにまで広めていくのである。しかし原則的に新興勢力で成り上がり者の彼らは、似非貴族的なスタイルをゴルフに付け加えてしまった。

スコットランドでは、兵士、猟師、職人、むろん羊飼いも含め、誰でもゴルフを楽しんでいたはずだが、イングランドに南下した途端に格式ばったものに変質させてしまったのである。

1860年から開催されている全英オープンの開催地と、そのコースまたはクラブの創立年度を地域的に見てみると（次頁）、これらの動きがより明解になってくる。

この例でわかるとおり、貴族の称号さえも金で手に入れることが可能になった彼らは、競うようにしてロイヤルの格式をつけはじめたのだ。そして19世紀の末には大都市近郊のリンクスランドはほぼ開発されてしまい、今世紀に入るとゴルフコースは海岸線を離れて内陸部に建設されるようになってきた。

それまでは、スコットランドからゴルファーを連れてきてコース設計（設計と呼んで良いかどうかは別にして）からコース管理やクラブやボール製作まで任せていたのだが、透水性の高い砂に芝が自生するリンクスランドとは違い、泥まみれの内陸にコースを設計するには、土木や農学といった自然科学の知識が必要不可欠であり、プロゴルファーの経験則だけでは足りないことは明らかであった。

リンクスランドでのプロゴルファーのコース設計は、敷地を午前中に見てまわり、午後にはグリーンとティーの位置を決定するというものであったという。不都合が指摘されればグリーンと決めた場所そのものを変え、バンカーの位置は2、3年たってからメンバーの同意を得て決定したそうだ。また、そうすることが分別ある設計だと信じられていたのだ。

1870年頃に生まれたプロゴルファーで早くに才能を開花させた者は、高給につられてロンドン近郊のゴルフ場のプロとなり、あるものは新天地を求めてアメリカ大陸に渡った。

新興産業の勃興がゴルフコースとジ・オープンを南下させた

【スコットランド東海岸エディンバラ近郊】
セント・アンドリュース（1754）1873
カーヌスティ（1850）1931
マッセルバラ（1744）1874
ミュアフィールド（1744）1892

【スコットランド西海岸グラスゴー近郊】
ロイヤル・トゥルーン（1878）1923
プレストウィック（1851）1860
ターンベリー（1906）1977

【アイルランド】
ロイヤル・ポートラッシュ（1888）1951

【マンチェスター&リバプール近郊】
ロイヤル・リザム&セント・アンズ（1886）1926
ロイヤル・リバプール　ホイレーク（1869）1897
ロイヤル・バークデール（1889）1954

【ロンドンの東　サンドウィッチ近郊】
ロイヤル・シンクポーツ（1892）1909
ロイヤル・セントジョージズ（1887）1894
プリンスィズ（1904）1932

※カッコ内はクラブまたはコース創立年、右は最初に全英オープンが開催された年

前者は1894年から20年にわたり3巨頭時代を築いた前出のハリー・バードン、ジョン・H・テイラー、ジェームス・ブレードらであり、後者はドナルド・ロス（1872〜1948）をはじめ多くがセント・アンドリュース近郊でゴルフを学んだプロだった。

スコットランドの不況の

影響もあるが、彼らの習い覚えたトム・モリス親子から伝わるセント・アンドリュースタイルと呼ばれる大きくスウェイするスウィングでは前者に勝ち目はなかったことと、新大陸ではセント・アンドリュース出身という肩書がものを言ったに過ぎない。

そういう時代に登場したのがハリー・S・コルトやジョン・L・ローの当時のアマチュアゴルファーたちの知識階級であった。ジョン・L・ローとコルト、それにアリソンらは当時最強だったオックスフォードとケンブリッジのゴルフチーム出身で、彼らは互いに意見を交換しながら、ゴルフコース設計や著作に活躍するようになってきた。特にコルトはライGC（1894年開場）を皮切りに、法律の知識を生かしたクラブ経営手腕をも評価され、1901年から1913年まではサニングデールのセクレタリーもコース設計と同時にこなしていた。

マッケンジーとコルトが出会ったのは、マッケンジーの地元リーズに新設されるアルウッドリーゴルフクラブ（1907年開場）の設計段階であった。このとき既にマッケンジーは、ボーア戦争で研究したカムフラージュ技法がゴルフコース設計にも使えることに気づき、独自に新しいコースの構想を練っていた。

後に、マッケンジーの著作の序文を依頼されたコルトは、そのなかで、

「アルウッドリーGC設計について指導をするため、リーズに行くように依頼された私は、マッケンジー氏の家に滞在することになった。夕食の後、私は彼の診察室に連

れていかれた。そこは医師としての道具の代わりにサンドバンカー、パッティンググリーンをはじめ多くのコース写真、アルウッドリーGCのためのたくさんの図面やスケッチで埋もれていた。私は、真摯な探究者と出会ったのだと感じた」と告白している。

コルトがそうであったように、その後マッケンジーもアルウッドリーのセクレタリーになる一方で、１９０９年には４つの新設コース設計を行っていた。

彼らは第一次世界大戦を挟んで１９２０年頃までは少なくとも表面上はパートナーシップを結び、アリソンと共に英国内やヨーロッパのみならず世界中にゴルフコースを設計していった。

後世のコース設計の原点、13カ条の理念

コルトとマッケンジーの確執は有名であるが、ゴルフにおけるそれぞれの生い立ちを考えれば、至極当たり前に思えてくる。

彼らはお互いの仕事の取り合いを避けるためパートナーシップを結んでいたに過ぎず、浪費癖のマッケンジーはコルトから別会計を言い渡されていたようだ。

１９２８年にイースト・ヘンドリッドGCの工事で芝の移植をするか否かでもめた

いていたに違いない。

のが直接の原因と伝えられているが、本当はそのずっと前からお互いに飽き飽きして

マッケンジーに比べて13歳年下のアリソンはコルトにとって弟のようであり、彼は最後までコルトに忠実であったことが、手紙からうかがえる。彼はコルトの命により、北米大陸や日本を含む極東地域に派遣されたが、それを楽しんでいるようでもあった。

コルトとマッケンジーは１９２０年に相前後して著作を発表する。マッケンジーが『ゴルフコース設計論』、コルトとアリソンが共著で『ゴルフ設計についてのエッセイ』である。前者はもともとグリーンキーパーにゴルフコースの成り立ちを講義した際の原稿を下敷きにし、加筆したものであるが、後世のゴルフ設計に大きな影響を与えた13カ条が含まれている（２１０頁参照）。

この13カ条とは無論ゴルフルールの起源に範をとったものであるが、考えようによっては「ルールの原点はR＆Aだが、コース設計の原点は我にあり」と言っているようだ。

この傲慢ともとれる自己顕示欲の源は、１９１４年に米国「カントリーライフ誌」主催の「理想的なショートホールをデザインする」という設計競技で、彼が第一位をとったことかもしれない。

ここで、故郷リーズで、彼が最初に造ったアルウッドリーを含む3つのコースを紹

介したい。これらのコースはリーズの中心から8キロほど北にある、田園都市構想のグリーンベルトにあたる位置の高台に道路を隔てて隣り合っている。否応なしに互いを意識し合い、他のコースとの差別化を計ろうとすることは、いつの時代でもあるものだ。アルウッドリーGCは、メンバーの大半が上流階級を自認する人々である。

初代マッケンジーから数えて11代目にあたるオナラブルセクレタリーのR・C・W・バンクス氏によれば、

「敷地の一部を宅地開発業者に売り渡したお金で3年前にクラブハウスを建て替え、1500本もの大木を切り倒しました。基本設計に盛り込まれていた可視性が損なわれていたためです。設計はコルト氏とマッケンジー氏の共作となっていますが、コルト氏が到着したときにはマッケンジー氏はすべてやってしまった後でした。実は、コミッティはそれを恐れてコルト氏を招いたのですが、マッケンジー氏はとても強引に自分の主張を実行し続け、ついにコミッティも了承せざるを得なかった、というのが本音です」と語ってくれた。

コースレイアウトは、彼の出世作らしくオーガスタ・ナショナルに連なる戦略型発想もみえるが、全体的にセント・アンドリュースを強く意識したものである。そうすれば彼に批判的な意見を抑えられるし、誰だって最初の作品はこわごわと可能性を探ってみるものなのだ。

それよりもこの時点での彼の興味は、インランドコースを造る場合の効果的な排水方法にあったと思われる。

ムーアタウンGCのキャプテン、ビンセント・グリーン氏は、「もともとのクラブハウスは12番グリーンの傍に今もありますが、宅地化の影響と敷地の変化にあわせてルーティングを変更しました。このコースはマッケンジー氏がアルウッドリーの反省を踏まえてその2年後に造ったもので、彼は中学校もキャプテンとしても先輩です」と言っていた。

このコースでマッケンジーはインランドコースの新たな可能性に気づいた。片流れの斜面を利用して傾斜を錯覚させる方法を繰り返し試したり、地面から浮き上がって見えるような砲台グリーンに挑戦したりしている。

サンドムーアGCは大きな貯水池の縁に面しているが、水の使い方は古典的なリンクスコースの影響が強いコースだ。

地球を反対に回ってアメリカへ行き着いた

さて、彼はなぜアメリカ大陸に渡ったのだろうか。「大金持ちのハリウッドスターのためにコースを設計したかった」とか「浪費癖が直らず、借金地獄から逃げ出した」とか「女性問題がこじれて居られなくなった」とか。多分どれも本当なのだろうが、なんとなくしっくりこない。

これは私の憶測だが、その当時の英国ゴルフ界においてH・S・コルト以上の評価が得られる見通しがないと感じたからだと思う。同時期に生まれたセント・アンドリュースのプロたちと同じ巡り合わせが、スコットランド人の血を引くマッケンジーにも起きていたのだ。

彼らとマッケンジーが違うところは、地球を反対に回って彼らよりも先にアメリカ西海岸に行き着いたことだ。

ドナルド・ロスをはじめ多くの一攫千金を狙ったゴルフのプロたちが大西洋を北極ら見て時計回り（クロックワイズ）に渡ってアメリカ東海岸やカナダに本拠を構え、そこを起点に仕事の範囲を広げようとしたのに対し、マッケンジーは反時計回り（アンクロックワイズ）に行軍しはじめた。

ボーア戦争のときに従軍した南アフリカの喜望峰を回り南半球を旅し、リーズ近郊から牧羊業者が多く移住したオーストラリアやニュージーランドを回ってロイヤル・メルボルン（１９２６年）、やヘレタウンガＣＣ（１９２６年）で基本設計の仕事をし、アメリカ西海岸に住み着いたのは、他のどの設計家よりも早かったのだ。マッケンジーは地球をアンクロックワイズに回ることによって「80日間世界一周」のように1日だけ得をしたのかもしれない。

1926年（56歳）、カリフォルニアのサンタクルーズに住み始めてからの活躍は目覚ましいものであった。1927年にペブルビーチの改修をする一方で、サイプレス・ポイントGC（1928年開場）をロバート・ハンターとJ・フレミングと共同で設計する。1929年にボビー・ジョーンズがこのコースをプレーしてマッケンジーの設計手腕を高く評価し、オーガスタ・ナショナルGCの設計者として推薦したことはご存じの通りである。

後世に受け継がれたマッケンジーの遺産

○バンカー
砂丘を思わせる起伏のある大きなバンカー

マッケンジーが高く評価される所以は、戦略設計の手法を大胆に取り入れたことだけでなく、そのコースの美しさにある。なかでも特徴的な形の白い砂を使った大きなバンカーは、カリフォルニアの抜けるように青い空と木々が織りなす深い陰影とのコントラストが鮮やかで、ゴルファーを魅了する。この豊かな輪郭で縁どられたバンカーは、なぜこのような形にいきついたのであろうか？
マッケンジーの造ったバンカーでは、英国でよく行われているリベッタリング（芝土を刈り取った状態のまま縦にレンガのように積み重ねてバンカーの顎を補強する方法）や枕木を並べて建てる手法（風の強い海浜では砂防砦として一般的であった）は、まったくと言ってよいほど見かけない。
彼のバンカーは砂の面が広大で、砂が砂丘（デューン）のようなカーブを保ちながら縁までせり上がってくることが特徴的である、
しかも、あたかも空間を切り取ったような形は遠くからでもその存在意義を明確に主張しているのだ。マッケンジーのバンカーは決してリンクスの模倣からではなく、極端に言えば彼の育った内陸リーズの山崩れの模倣から喚起される姿なのだ。

○アンジュレーション

自然の起伏は大きく広い窪みと狭い畝で構成される

一方でマッケンジーはセント・アンドリュースを中心にリンクスの研究にも情熱を注いでいる。彼はその著作のなかでリンクスランドのアンジュレーションについてこう書いている（詳細217頁参照）。

「自然に見えるアンジュレーションを造るには、砂丘がどのようにして造られるかを

学ばなくてはなりません。砂丘は波のように砂を吹き上げる風によってかたち造られます。そしてそれは長い歳月の間に段々と芝生に被われていきます。そのため自然のアンジュレーションは海岸近くの波に似た形をしており、様々な形や大きさのものがありますが、よく見ると波と波の間の窪みの方が波頭自体よりも広いという特徴があります」

「人工的に造られたものは、狭い窪みと広い畝になりがちですが、自然のアンジュレーションでは大きく広い窪みと狭い畝で構成されているはずです。グリーンのアンジュレーションがこのように造られたものならば、ピンを立てる場所がたくさんあるので、グリーンキーバーは傾斜の途中にホールを穿《うが》つ必要などありません」

○砲台グリーン

自然の摂理に逆らって作り上げた砲台グリーンこそが戦略設計の要

リンクスコースの場合、グリーンの位置を決定する最も大きな要素は、良質な芝の生えそろった場所を探すことだったに違いない。

しかし、水は低いところへ流れるので、周りをマウンドで囲まれた窪地に集まりやすく、良質な芝は乾燥した夏場には窪地にしかはえず、その場所をグリーンにすると必然的にグリーンはアプローチエリアからセミブラインドになることが多かった。

しかし戦略設計を標榜するマッケンジーは、これを潔しとしなかった。グリーンを高い位置に造ることによって可視性を高め、ピンフラッグの根元まで見せ、さらにバンカーを掘った際に出てくる土を盛り付けることにより、さらにホールの印象を際立ったものにすることを考え出した。むろん、これには若干の土木工事と散水設備が不可欠であった。

英国より米国で評価されたマッケンジー博士

さて、ここで閑話休題。英国本国におけるマッケンジーの評価はどうであろうか。英国でのマッケンジーを語るのはフレッド・ホートリー氏。彼は英国ゴルフ場設計家協会の重鎮で『コルト&カンパニー』『トリプルボギー』などの著者でもある。80歳になっても創作意欲は衰えず、2作先までの出版予定がある（当時）。

「私の父は、J・H・テイラーと組んでコース設計の仕事をしていましたが、元々はグリーンキーパーだった人です。ですからコース設計という意味では私で2代目、息子のマーティンが後を継いでくれましたので親子3代のコース設計一家ということになります。アリスター・マッケンジーのことは父からよく聞かされていました。

マッケンジーは英国内よりもアメリカに渡って評価された設計家の一人です。ケンブリッジで薬学を学んだことは確かなのですが、医者の資格を取得したかどうかはわかっていません。英国内では作品の多くが北イングランドのリーズ近辺に集中していることや、自己顕示欲の強い言動であしざまに言う人もいることは事実です。たとえばオーストラリアやニュージーランドでいくつかの著名なコースを設計したとされていますが、旅行期間は1カ月ほどで、ロイヤル・メルボルンでも1週間滞在しただけなのです。ロイヤル・メルボルンを実際に工事を進め完成させたのは、アレックス・ラッセルだったのです。面白いところだけ自分の功績にして、仕上げは人任せにするのが真の設計家と言えるでしょうか。A・ラッセルやロバート・ハンターがいつもしんどい役回りを演じたのです。そういう意味では、彼は常に優秀な協力者によって得をしてきました。

もうひとつの例は、R&Aとの関係です。1924年に彼はセント・アンドリュースのオールドコースの図面を描いています。

バンカーの名前などから明記された当時としては画期的なもので、現在でもよく使われています。彼は英国陸軍でカムフラージュ技法を教えたぐらいですから、航空写真や測量隊を使って描かせたものでしょう。彼はその功績によって、R&Aのメンバーになったのだと思っています。

つまり彼は、そういう性格の人なのです。でも、彼の造ったコースがその後の近代

「オーガスタ・ナショナルGCは私の最高の傑作」とマッケンジー。
この肖像画はオーガスタのクラブハウスに飾られている。
スコットランド人のアイデンティティを示すタータンキルトのスカートをはいている。

ゴルフ設計の金字塔であることは間違いのないところです。アメリカ、オーストラリア、ヨーロッパと世界中に散らばっているマッケンジーコースの会員が毎年持ち回りで一カ所に集まりコンペを開くマッケンジーソサエティというものがあります。欧州ではコルトカップというのがありますが、他にはあまり例がありませんし、設計家冥利に尽きる話だと思います。

彼の時代のアメリカはヒッコリーシャフトからスチールシャフトへの転換期にありました。フェザリーボールで180ヤード、1880年からのガッティーの時代で200ヤード、1900年からのラバーコアボールで220ヤード、1930年からのスチールシャフト時代になってやっと240ヤードくらいの飛距離が得られたと考えられますし、キャリーとランの割合も変化してきていますから、オーガスタ・ナショナルなど全長だけでなく、バンカーの位置や、グリーン周りなどに改修を加えることは必要なことです。

ただ、あまりキャリーボールにだけ頼ってゴルフを組み立てていくと、マッケンジーの造った豊かなアンジュレーションに翻弄される結果になると思います。ゴルフは本来色々な条件のもとで多様な技術を要求するスポーツなのですから」

英国の評価はこれほど左様に辛辣ではある。英国での「習作時代」は、設計家としての自己を確立せんがためにことさら自己主張を強くしたり、自己顕示欲をアピールしたりすることでアイデンティティを証明しようとしていたことは想像に難くない。それにしても米国と英国ではこれほどにも評価に違いがあること自体、マッケンジーのミステリアスな面を表しているということでもある。

最後に彼自身はクラブコミッティをどのように考えていたのだろうか。また彼の著作を引用してみよう。

「ある有名なゴルフクラブがゴルフコースを造るにあたって、コミッティが自分たちでレイアウトを決めると宣言したという話を聞いたことがあります。ゴルフ設計家がアベレージゴルフにとってコースを難しくしすぎることを恐れてのことだといいます。現代のゴルフ設計家は、正にそのようなことをしないようにしており、初心者やハンディキャップの多いプレーヤーに最も同情的な配慮を示すと同時に、すべての種類とコンディションのプレーヤーにとっても面白いコースを造ろうとしているのです」

「スクラッチプレーヤーやハンディキャップが3とか4とか8の人で構成された平均的なコミッティがレイアウトしたコースの結果がどんなものであるかは想像に難くないでしょう。彼らのほとんどは（多分無意識のうちに）、自分たち自身がつかまりそうなハザードを造るのを嫌いますが、ハンディキャップ24の哀れな下手くそのことまでは考えても仕方ないと思っているのです。最終的には海のものとも山のものともつかないものが出来上がるのです」

マッケンジーは、上手な人にも下手な人にもそれなりに、ホールは開かれていなければならないと考えていた。そういう意味ではクラブコミッティにも与《くみ》しなかったし、逆に上級者の独りよがりにも与しなったのである。

彼自身の名誉のために付け加えれば彼のハンディキャップは14だったそうである。

（1998年5月　Cohice 104号より）

さこた・こう
1955年東京生まれ。東京芸術大学美術学部建築学科卒業。コース設計家。裾野CC改修。ゴルフクラブなど用具のデザイン、製作もこなす、セント・アンドリュースGC会員。日本ゴルフコース設計者協会　会友。マッケンジー博士の『ゴルフコース設計論』訳者

SECTION Ⅱ

ゴルフコース設計論

Golf Architecture

アリスター・マッケンジー・著
迫田　耕・訳

『ゴルフコース設計論』（訳・迫田耕）より、「紹介」、「第１章　コース建設及び管理における経済性についての一般原則」、「理想的なゴルフコースのプラン」を抜粋。コース名等は基本的に原書どおりに掲載しています。ここでの各章のタイトル、注は加筆しています

【COMMENTARY・紹介】

マッケンジー博士の遺産

ロバート・トレント・ジョーンズ注1

アリスター・マッケンジー氏と、ロングアイランドの彼が創った新しいコースでゴルフを楽しんでから、はや半世紀以上が経つ。そのコースはスロッグス・ネック・ブリッジの東側の位置にあたるはずだが、時が私の記憶をあやふやにし、そのコースの名前を思い出すことが出来ない。

残念ながらそのコースは第二次世界大戦後の爆発的な人口増加に対応するため宅地化され、今ではもう存在しない。

コーネル大学の学生にすぎなかった私が、マッケンジー氏にゴルフコース設計にとても興味があると電話すると、彼は親切にも私を招き最近の作品を見ながら話をするために一日を割いてくれた。

マッケンジー氏は会う人に強い印象を残す男だった。大きく頑丈そうで、独裁者の様な風貌を持ち、その顔つきはゴルフ界に転向する前は医者で、また軍の将校であったことを顕わしていた。

今振り返るとそのロングアイランドのコースは、典型的なマッケンジー氏の作風を持ったコースであったと思う。彼の作品にはドラマチックな大胆さがあった。彼の造るバンカーは砂の力強い広がりがあり、その多くは離れた所から見ると内側のスロープが窪んでいるように見え、そびえ立つ顎を持っていた。

グリーンはくっきりと輪郭をつけられ、その多くはマウンドで縁取りされてもいた。マウンドには2つの役割があると彼は説明した。ひとつ目はグリーンの周りのやりにくいスタンスからチップしたりピッチしたりする時に、巧みなタッチを要求するためのハザードとしての役割、もうひとつはグリーンそのものの重要な構成要素としての役割だ。

グリーンのなかにあるスロープやうねりは、周りにあるマウンドのスロープの続きであり、マウンドとマウンドの間にある窪地は、グリーンの同じような低地や窪みへと続いている。

さらに、グリーンの傾斜のバリエーションに影響を与えているのは、グリーンサイドのバンカーである。それはマウンドに続くグリーンの面と調和させるように十分な深さがあり、いわば重しの役目を果たしている。

その結果、グリーンとその周辺はマウンドとバンカーがグリーン面と一体となって美しく調和し、非常に洗練されたものとなっていた。

私は、彼のことをリバースカーブの具現者だと感じた。リバースカーブとは側面から見ると、盛り上がった部分がなだらかなカーブを描きながら徐々に落ち込んでいき、とぎれることなく凹んだ部分へと繋がっていくものだ。

直線はマッケンジー氏にとっては禁制のものであり、彼は明らかにそれを避けていた。その結果、彼のグリーンは自由でおおらかな流れを持ち、彼がデザインした何千ものグリーンは、その一つ一つが全て独創的なものだった。

科罰型のゴルフコースが流行していた時代に彼は最も活躍していたが、マッケンジー氏自身は決してその信奉者ではなかった。

彼が設計したロングアイランドのコースはゴルファーを『貞節に』させるに十分なフェアウェイバンカーがあったが、ゴルファーに設計家の単純で狭量な指図に従うことは要求していなかった。そのコースは戦略的コース設計の先駆けであり、グリーンのどちら側から攻めるかが重要なポイントになるようなアプローチを除いて、ハザードに翻弄されることなく自分で筋書を決められるという自由度をゴルファーに与えていた。

マッケンジー氏との短い出会いは楽しいものだった。マッケンジー氏は私に、仕事に対する情熱を見せてくれただけでなく、戦略的スタイルのゴルフコース設計こそが最も普遍的なものであり、また楽しいものだという確信を深めてくれた。彼はその意味で先駆者だった。

この信念は私の初期の仕事のなかで「カナダにおけるゴルフコース設計の父」と呼ばれるスタンリー・トンプソン氏[注2]と共に働いてから益々深まっていった。トンプソン氏もまた、ゴルフコース設計における戦略的スタイルのパイオニアだった。私のこの信念は、今日まで33カ国、及びアメリカ50州のうち43州で、400以上のゴルフコースを造った後でも揺らいではいない。

マッケンジー氏は4大陸でゴルフコースを監修したが、オーガスタ・ナショナル・ゴルフクラブは彼の創造性を最も発揮したものとして評価できるだろう。この上ない可能性を秘めた土地と、時の最も偉大なゴルファーであったボビー・ジョーンズ（Robert Tyre "Bobby" Jones Jr.）氏の助言を得て、マッケンジー氏は与えられた素材を最大限に生かしたと言える。毎年、花々で飾られたこの土地でマスターズトーナメントが開催される度毎に、彼の功績が再認識されている。

オーガスタのコースのとり方はまさに感動的だ。

フロント9（元々バック9だった）は地形に合わせた上り下りがあり、バック9はレイズ・クリークの曲がりくねった流れを戦略的に使っている。

オーガスタ・ナショナルはどのホールもゲームの進歩やプレーヤーの能力の向上に相応した改造が加えられてきた。つまり、現在のコースは戦略的デザインの現在の究極の姿であるといえる。

このコースでは、ゴルファーは次のショットを考えることが必要とされている。それはたとえグリーンにたどり着いたとしても同じことだ。そして36＋36＝72のパーを下回ろうとする時に巻き込まれる危険を量ることも要求される。

オーガスタ・ナショナルは戦略的なコースという基本構想を掲げていたため、当初バンカーは23カ所しかなかった。現在ではその数は2倍以上になり、多くのオリジナルバンカーは位置を変えられたり改造されている。結果として顎が浅く平面的な形状を持ち、その代わりに砂の面の斜度をきつくした現在のバンカーは、マッケンジー氏の造った芸術的な面影を残していない。

マッケンジー氏が１９３２年に完成させてから、コースに多くの変更が加えられたにも関わらず、1番・3番・4番・5番・6番・12番・14番・16番・17番の9つのホールは基本的にはマッケンジー氏がデザインしたまま残っている。

そして7番・8番・16番・18番以外はグリーンの形状はオリジナルのままであり、それらが集まって世界で類稀なるコースを創っている。

例として3ホールだけ引用すれば十分だろう。ティーから見ると切り立って見え、グリーンに向かって緩やかに下降していく高台のある5番、グリーン手前に肩まですっぽり入るくらいの深さの窪地を持つ14番、ゴルファーから見てグリーンの右側は手前に傾斜し、左側は奥に傾斜した17番。

マッケンジー氏とジョーンズ氏はパッティングの場合でもハザードがあるべきだという意見で一致しており、マスターズのコースではその信念が実践されている。1981年にグリーンがバミューダ芝からベント芝に変えられたことにより、グリーンが速くなると共に、マッケンジー氏がオーガスタ・ナショナルで設計したグリーンの輪郭、窪地、スロープ、マウンド、段、段丘等を読むことをますます難しくした。

オーガスタ・ナショナルはマスターズのプレーを毎年テレビ放映で見る何百万という人々によって、最も有名なゴルフコースになったといえるだろう。

カリフォルニアのペブルビーチのサイプレスポイントクラブもマッケンジー氏が残したもう一つの名作である。サイプレスポイントクラブの太平洋を臨む壮観な16番は、世界で最も多く写真を撮られたホールではあるが、クラブが閉鎖的なメンバーシップであるため、その素晴らしさは評判によって判断するしかない。1929年にサイプレスポイントにおける全米アマの第1ラウンドで不名誉な敗北を経験した後、数回プレーをしたボビー・ジョーンズは、マッケンジー氏の設計が非常に気に入り、オーガスタ・ナショナル・ゴルフクラブの設計を彼に依頼したのであった。

サイプレスポイントはマッケンジー氏の独創的なコースレイアウトの特徴がよく表れており、非常に大胆なものだ。

彼は、この土地の非常に際立った特徴を最大限に生かし、樹林の多いパークコースと樹林の少ないリンクスコースの一番良い要素を取り入れ、そして傑作を造り出した。

パーは37＋34＝71というアンバランスな構成となっており、また、珍しいコースの3分割の方法がとられていた。

すなわち初めの6ホールの5番と6番にパー5、完全にウォーターキャリーを要求する2つのパー3、すなわち139ヤードの15番と233ヤードの16番の2つのパー3が設計された。

Robert Trent Jones Sr.（1906-2000）イングランドに生まれ、幼い頃両親とアメリカに移住。46州と世界35カ国に500以上のコースを設計。キャディの仕事を経てコーネル大学にて設計を学んだ

そして17番は、これらの岩で縁どりされたホールではまだ十分でないとでもいうように、プレーのラインをまたぐ不規則な海岸線に沿ったフェアウェイへ海越えのドライブを要求する、古典的な岬のホールである。マッケンジー氏の設計したすべてのコースのなかで、サイプレスポイントのグリーンの起伏が一番穏やかだと思う。マッケンジー氏は賢くも素晴らしいコース環境そのものをサイプレスポイントのドラマの主役にしたのだ。アメリカに現存するマッケンジー氏のコースは12に過ぎない。

しかし、オーガスタ・ナショナル、サイプレスポイント、そしてシカゴ近郊のノースショアカントリークラブは、アメリカの代表的なゴルフ出版社である「ゴルフダイジェスト」によって「アメリカの100の最も偉大なゴルフコース」にランキングされてきた。アリスター・マッケンジー氏の優れた才能とその不滅性に、これ以上の証明は必要ないだろう。

注1　1906-2000　アメリカを代表するコース設計家で、ジョーンズJr.の父親。カナダ人のスタンリー・トンプソンのもとで修業、全米に400以上のゴルフ場を造った。日本では軽井沢72G西、グランディ那須白河GCが知られている

注2　1894-1952　カナダ人の設計家。トーナメントプレーヤーの経験を生かした戦略的かつ審美的造りで知られる。代表作はバンフスプリングスホテルコース、ジャスパーパークGCなど。R・T・ジョーンズら多くの若手を指導した

【Construction and Green-Keeping】

［第1章］ゴルフコース建設及びコース管理における経済性についての一般原則

設計の原点 13カ条の理念

ゴルフコース建設においての経済性の議論は、最小限の投資で可能な限り効果を高める方法を考えることに尽きます。

多くのゴルフコースを見て廻れば、景観を損なわないように計画することがとても重要だと認識するようになるはずです。先を見通した究極性を求める事こそが重要なのです。

皆さんは開場後に何度も改修されたコースを知っていることでしょう。何度も改修されたということは、何千ポンドもがつまらない仕事に費やされた挙句、結局はスクラップにされたという事ですから、本当の意味での倹約家にとっては非常に苦々しいものです。

例として、4回も完全にやり直されたグリーンのことをお話ししましょう。そのグリーンは初めはアンデュレーションのあるタイプでしたが、難しすぎるという理由で芝生は剥がされ真っ平らにされました。次に新しい支配人が任命されるとすぐに(彼はとても優秀なゴルファーでしたが)芝生を剥がし、もともとあったものよりもっとはっきりしたアンデュレーションをつけたのです。そして、その後このグリーンは以前と同じ理由でまた平らにされましたが、現在では自然な輪郭とアンデュレーションを備えたグリーンとして完全に造り直されているのです。

究極性について議論する前に、長年にわたり改修されずともゴルフの腕を試す良いコースであり続け、どんなプレーヤーでも楽しむ事ができるという、本当の意味での第1級のコースが存在するかどうか考えてみてください。フェザリーボールからラバーコアボールの時代になっても陳腐化されなかったコースが今在るでしょうか?

もしそのようなコースが在るとすれば継続してきた秘密は何でしょうか?

私が思い当たる唯一の例は、「ファイフ王国のセント・アンドリューズという片田舎にある、さんざん酷使された古いコース」と言われているコースです。このコースは(他のチャンピオンコースにも、及ばずながら当てはまるものがありますが)全てのクラスのプレーヤーの間で、未だに高い人気を保っています。

ハンディキャップの多い人達が、チャンピオンシップクラスのプレーヤーと同じように（もしくはそれ以上に）楽しめるという事が、すべての良いコースにあてはまる特長なのです。

この事実をよく考えてみると、最近のコース設計家は、コースを難しくする事のみに腐心しプレーの楽しみを奪いがちだと指摘されていますが、これは良いコースとまったく逆の結果をもたらしていることがわかるでしょう。

ゴルファーはどんな技術水準であっても、それにふさわしい困難に対して果敢に立ち向かい、それを克服できた時に喜びを感じるものなのです。

「セント・アンドリューズは誰が造ったのか？」という疑問が湧いてくるかもしれません。その起源は秘密のベールに覆われたままですが、『アンクル・トムの小屋』に登場するトプシーのようにそれは『ただ、育った』のです。しかしセント・アンドリューズにおいて、他と決定的に違う事といえば、常にその自然の美を損なう事が冒涜と見なされ、何世紀もの間ほとんど手を触れられずに残ったという点でしょう。

その自然なアンデュレーションを敢えて削り落とそうとしたグリーンキーパーはいませんでした。ほとんどのバンカーは自然がそこに創ったまま残されたものですが、中にはプレーヤーの残したディボット跡が風雨によって大きく成長してできた物もあります。

また、打球がいつも集まってしまい、ディボット跡を常に綺麗にしておくのが困難なために、グリーンキーパーがこれらの窪みをバンカーに変えたものもあるのです。
セント・アンドリューズのバンカーはこのような成り立ちを持つため、プレーヤーのボールが集まりやすい場所にあります。普通のゴルフクラブのコース委員会であれば、埋めてしまえと言い出すような位置にあるのです。

この事実はとても重要な意味を持っています。そしてこれまで言われてきたハザードについての考え方の多くが、間違っていたということを気づかせてくれるはずです。

ジョン・L・ロー氏[注1]も、数年前に「ハザードは、どこに存在しようと理不尽ではない。特にそのハザードが見える時には公正なものである。何故なら、目の前にあるハザードにわざとボールを打ち込むプレーヤーなどいないからである」と指摘しています。

セント・アンドリューズのような古いタイプのコースでは、プレーヤーはハザードをあるがままに受け入れ、それを避けるのにベストを尽くす事を余儀なくされます。

『ゴルフコース設計家』と呼ばれる人々の多くは、特に目新しいことを考えているわけではありません。私達はただ、セント・アンドリューズのように伝統的な自然の創り上げたコースにおいて例証されている、古典的なゴルフの考え方を再構築して、コースを設計したいと考えているのです。ゴルフコース設計家は熱心すぎるコース委員会が、フェアウェイやグリーンのアンデュレーションを無くしてしまうとか、グリーンの芝生をクリケット用の芝生やテニスコート用の芝生等、とにかくゴルフにふさわしくない芝生にしてしまうとか、リンクスの自然な曲線を強調する代わりにフェアウェイを真っすぐ横切るラインに沿って目障りな逆円錐状のバンカー群を造ってしまう前に、もともとの地形にふさわしい自然なコースを造りたいと願っているのです。

昔のゴルフの考えの中には、ホールの攻め方に王道というものはありませんでした。プレーヤーはここに打てばよいというベストルートを競技委員会や狭量な設計者に強要される事がない代わりに、自分自身の判断により攻め方を見つけるか、さもなければ偶発的な成り行きに任せるしかなかったのです。

この意味においてセント・アンドリューズはゴルフの古い伝統を継承しています。私は昔、友人4人でセント・アンドリューズのロングホール(14番)を4つの違った攻め方でプレーしたものです。そして、4人の内3人はそれぞれ正しい道を選んだようでした。

セント・アンドリューズ大学の教授に向かってキャディが諭したことがありました。

「旦那、ゴルフは頭脳が必要なんですよ」

ゴルフコースの設計における真の経済性は、そのコースの究極の姿と深くかかわり合いがあります。ここで理想的なゴルフコースの基本的な原則を考えてみるのも意義深いことと言えるでしょう。それらを要約すると、次のようになります。

1　コースは出来れば9ホールずつの2つのループで構成されている事。

2　2回のフルショットでグリーンに届くホールが大部分であり、その他、2、3の短いパー4のホールと、少なくとも4つのパー3のホールがある事。

3　グリーンとティーは近いほうが良く、グリーンから逆戻りせずにすぐ次のティーに行ける事。しかし将来必要があればホールを延長できる柔軟性を持たせるよう最初からコースを設計すべきである。

4　グリーンとフェアウェイに十分なアンデュレーションがあることが望ましいが、急激なアップダウンはない事。

5　すべてのホールが、それぞれ異なる特徴を持っている事。

6　グリーンを捉えうるショットでは、極力ブラインドショットにならない事。

7　美しい景観を保ち、人工的に造られた物も自然に溶け込んでいる事。

8　大胆なティーショットの見せ場もあるが、非力なプレーヤーにもいつも別の選択肢が用意されている事。

9 多種多様なショットを繰り出さなければ攻略できない程、変化に富むコースである事。例えば勝負を賭けた大胆なブラッシーショット、低く抑えたアイアンショット、すぐ止まるピッチショット、足の長いランニングアプローチ等。

10 ボールを捜す必要によって引き起こされる、迷惑や苛立ちがまったくない事。

11 スクラッチプレーヤー以上の技量をもつプレーヤーにとっても、コースから常に刺激を受け続け、今まで出来なかったショットに挑戦してみたくなる程、面白いコースである事。

12 ハンディキャップが多い人や、初心者でさえ、散々なスコアを出しながらも楽しめるコースである事。

13 コースは、夏でも冬でも同じく良い状態に保たれている事。グリーンとフェアウェイが一体となり、アプローチエリアもグリーンと同じように一貫性を保っている事。

〈最も重要な原則〉

前述した初めの3つの原則についての異論はほとんどないと思います。コースが9ホールずつの2つのループで構成されていれば、この忙しい世の中、1

番からでも10番からでもスタートできて大変便利です。

4番目の原則についてですが、グリーンは真っ平らでなければならないという誤った考えが一般的であった時代がありました。現在、最高と言われるコースでさえもクリケット用の芝生のような真っ平らなグリーンを見ることがあります。アンデュレーション豊かなグリーンについて反対する人達もいますが、彼達の考えているアンデュレーションとは、あまりに凝りすぎた小さな丘や畝で構成されているようです。自然のアンデュレーションはこのような人工的な凹凸とはまったく異なったものなのです。自然のアンデュレーションでは大きく広い窪みと狭い畝で構成されているはずです。筆者が見た最も興味深いグリーンのアンデュレーションはセント・アンドリューズのレディースパッティングコースにあるものです。

第1級のゴルファーでさえそこに招かれるのは名誉なことと見なされ、朝早くから夜遅くまで、一心不乱にパッティングすることになります。そのアンデュレーションは大胆なもので、大きくなだらかな窪地がいきなり4～5フィートも持ち上がって小さな平地を構成しているのです。

このセント・アンドリューズのように大胆なアンデュレーションをつけたグリーンを、現代にあえて建設しようとすれば、その設計家は厳しい批判を受けるに違いありません。

自然に見えるアンデュレーションを作るには、砂丘がどのようにして造られるかを学ぶ必要があるでしょう。砂丘は、波のように砂を吹き上げる風によって形造られ、そして長い歳月の間に段々と芝生に被われていきます。そのため自然のアンデュレーションは海岸近くの波に似た形をしています。様々な形や大きさのものがありますが、よく見ると波と波の間の窪みのほうが波頭自体よりも広いという特徴があるのです。アンデュレーションがこのように造られたものであるなら、ピンを立てることが望ましい場所がたくさんあるので、グリーンキーパーは傾斜の途中にホールを穿《うが》つ必要などありません。

また良いアンデュレーションは、芝刈り機を使うのが簡単なものでなければなりません。アンデュレーションを私がここに説明したように造れば、それらは大きすぎたり険しすぎたりはしないはずです。多分、最も望ましくないアンデュレーションは、パットをした後、何故ボールがホールに入らなかったのかを検討して初めて気付くほどの、横傾斜や懲りすぎた小さなマウンドでしょう。

フェアウェイは平坦であるべきだというのも、一般的に広まっている見当違いの意見です。険しい横傾斜の途中にあるフェアウェイほど悪いものはないということにはまったく同意しますが、一方で真っ平らなフェアウェイで毎回ショットする事ほど単調なこともありません。鈍感なプレーヤーはまったく気付かないようですが、最高のシーサイドリンクスの魅力の1つは、アンデュレーションのあるフェアウェイなのです。

このタイプのフェアウェイはサンドウィッチの一部やディールのクラブハウスの近く、またセント・アンドリューズのオールドコースの殆どで見られるものです。特にセント・アンドリューズでは、1番のティーから最後のグリーンまで連続的にうねっており、決して同じライからショットを打つことなどありえません。これらのフェアウェイでは水平なスタンスや平らなライを望むことも不可能なのです。シーサイドコースに多様性を与えているのはこのアンデュレーションであり、この多様性こそゴルフの魅力のすべてと言ってもよいでしょう。

セント・アンドリューズを1ホールずつ注意深く見ていくと、そのホールらしさを印象づけているものの多くが、プレーする方向に対して斜めに横切っていて、しかも大して重要そうには見えない窪みや土手である事に気付きます。

このような種類のアンデュレーションを内陸のコースで造る時には、画一的にならないように注意が必要です。そして、プレーヤーがそこに飛ばせば次のショットに有利な位置を得られやすいように、フェアウェイはショットを行かせたい方向に向けて徐々に平坦にしていくのが良いでしょう。

ヘディングリーGC（リーズ）。
完全に人工的に造ったホール。
元々は急な下り傾斜地で、岩を
切り出さなければならなかった

シットウェルパークGCの18番グリーンは独特の形状で知られる（イングランド）

ついでながら、工作用粘土はアンデュレーションの模型を作るのにたびたび使われています。これはグリーンキーパーにこれが無ければ学べないような造形上の要旨を教えるのに便利です。

こういった目的の為に工作用粘土を使ったゴルフコース設計家は私が初めてだと思います。アルウッドリーゴルフクラブで一番初めに造成された14番は粘土の模型から造られました。しかし完全に模型どおりに造られたホールは、人工的に見えてしまいがちです。実際には周囲の状況に合わせたり、建設作業中に見つかる土壌の多様な変化に応じて、グリーンキーパーが多少の修正を加える余地がなければ、決して安くは仕上がりません。

〈流行の愚かさ〉

5番目のそれぞれのホールが違う特徴を持っている事という原則に関連して、過去に見られた流行について共通の誤りを指摘することができます。

最初は、ラフの一端からフェアウェイを横切り、もう一方のラフまでを真っすぐに結ぶ直線上に、人工的な逆円錐状のバンカー群を並べたものですが、幸いな事に現在のコースではこのような物はもう見当たらなくなりました。その次に、フェアウェイの横を長手方向に走るポットバンカー群も流行していました。これは前述のバンカーより更に不愉快な障害物のタイプです。その他にゴルフコースの「山造り」と呼ばれていたものがありました。

この山造りについて造成責任者は、グリーンに向かっての視界を遮るほど高いマウンドを、ホールのダイレクトラインに造らないように気を付けるべきである事を指摘しておきたいと思います。

グリーンに向かう直線に対し外側のほうは好きなだけ高くして良いのですが、グリーンに真っすぐ向かう方向には原則としてマウンドの代わりに窪地を配するべきです。

これは多くのコースで現在、窪地が脇にあり土手が真ん中にあるのとは正反対の意見です。ゴルフコースの建設で重要なのは、多様性を持たせつつすべてを自然に見せることなのです。

コース設計に携わった人々への最高の賛辞は、プレーヤーが彼達の人為的な仕事の成果を、自然のままだと勘違いする事でしょう。アルウッドリーゴルフクラブとムーアタウンゴルフクラブではすべてのグリーンや丘は人工的に造られた物ですが、他所から来た人にそれを信じさせるのはなかなか難しいことでした。北部の有名なクラブの委員会の議長が私にこう言いました。

「我々のコースはアルウッドリーのように自然な丘や窪地や細かいアンデュレーショ

ンに恵まれていないので、改修のしがいがありません」

彼が称賛したこれら自然の恵みは、実は人工的な造り物だという事をアイルランド訛りの強い彼等にわからせるのにたいそう骨を折りました。

我々のクラブのコース委員会のメンバーでさえ勘違いしてしまいました。彼は著名なゴルフ評論家に、グリーンの一つを囲む丘は前から其処にあったと話していたのです。その丘を造るため杭で位置を確定した時に、彼自身が現場に立ち合った事を忘れていたのでした。

〈ブラインドホールの問題〉

今ではブラインドホールを造ってしまうという過ちは、昔ほど見受けられません。ティーショットする時にグリーンが見えないという場合や、高低差の限られた海岸沿いのコースでグリーンへのフルショットをする時、しかもグリーンが周囲の丘によって正確にその位置がわかる場合は、グリーンが見えなくても許されるでしょう。しかし、グリーンを狙うショットは決してブラインドであってはなりません。

何故ならブラインドショットはまぐれあたりを除いて、熟練したプレーヤーが1パットで収められるような所へ寄せるのを困難にするからです。

グリーンの周りを取り囲む丘がない内陸のコースにおけるブラインドホールは避け

るべきです。また、ピンが見えてもグリーン面が見えないのも、これに負けず劣らず悪い設計と言わざるを得ません。このようなグリーンでは、ピンがグリーンの後方にあるのか中程にあるのか前方にあるのかわからないからです。ピンぴったりに寄ったと期待していたショットが20ヤードもショートしていたなんて、とてもいまいましい事です。

海岸沿いのリンクスコースで、自分のボールがピンのそばに在ることを期待しながら丘を駆け上がっていくのはある程度わくわくする楽しみではありますが、こういった事は歳をとるにつれて飽きてくるものです。

〈美の重要性〉

その他、一般に流布している誤解の一つに、「コースの景観とゴルフの内容は関係がない」という考えがあります。周囲の美しさなどまったく無頓着なプレーヤーが、「重要な事は、自分のゴルフに徹することだ」と言っているのを聞くことがあります。

著名な評論家がその著作のなかで、私の事を「芸術的なバンカーを造ろうと奮闘している」と冷やかしたことがありました。もしその評論家が醜いバンカー、醜いグリーン、醜い環境をいつも好んでいるというのなら、それはそれで良いでしょう。しかし私は、彼が評論の中で書いたとおりの事を信じているとはとても思えませんでした。

何故なら彼はいつも自然のコースの美しさについて熱っぽく語っていたからです。ゴルフコース設計家やグリーンキーパーが、その職業における自己表現として目指すところは、彼の作品が自然そのものと見分けがつかないほどそっくりに、美しさを模倣できることなのです。

「ゴルフコースにおいて、美しさが大きな意味合いを持つ」ということに私はいかなるためらいも持ちません。コースの景観などにはまったく興味を持たないときっぱり言う人でも、周囲の状況に無意識の内に影響を受けているものなのです。美しいホールには、周りを見る余裕のあるハンディキャップの少ないプレーヤーだけでなく、自分のゴルフに汲汲としているハンディキャップの多い人にも訴えかけるものが何かあるはずです。第1級と呼ばれるほとんどすべてのホールは、アンデュレーションとハザードの壮観な様だけでなく、その周囲との対比においても美しさを併せ持っているものなのです。

だからといって私は、牧師が耳の遠いスコットランド人とラウンドしたように我々がプレーすることを勧めている訳ではありません。牧師は景色やグリーンその他、一般的賛辞を述べたてていました。そしてついに深山鳥《みやまどり》が周りに住み着いているグリーンにたどり着くと、こう言いました。「深山鳥の鳴き声はすてきですね」耳の遠い年老いたスコットランド人は聞き返しました。「なんだって？」牧師はもう一度言いました、「深山鳥の鳴き声はすてきですね」年老いたスコットランド人は答えました。「あのいまいましい鳥の為に、牧師さんの言っていることが聞き取れん」

今あるコースの中で最も素晴らしいと感じるのは自然が創ったコースです。セント・アンドリューズや、チャンピオンコースと呼ばれるようなゴルフ場はゴルフの腕を試すのに適していますが、それはとりも直さずコースの自然の構成が優れているからなのです。ゴルフコースの美しさはこれまで、四角く平板なグリーンや幾何学的なバンカーなどという醜悪なデザインによって損なわれてきました。それらはコース全体の景観の中で目障りだっただけでなく、ゴルフゲームの伝統であるべき多様性を損じてきたのです。

私の今までの仕事に対する評価は、あるがままの自然を保持するように努力してきた、またそれがない場合は、自然そのものの気持ちでデザインしようと努力してきた、ということに対するものであると考えています。違う表現をすれば、ゴルフゲーム上での最上のものを追究すると同時に、私は美に到達しようと奮闘してきたのです。

美学の問題がゴルフコースのデザインに入り込むのは、ちょっと理屈に合わないように思えるかもしれません。しかしより深く分析すれば、偉大なコース、もっと詳しくは全ての有名なホールやグリーンは、単にアンデュレーションの形や大きさや、ゲームの中でそのホールの持つ意味ばかりでなく、その状況を演出する造形上の特徴によって、ゴルファーを惹き付けているということが明らかになります。これらの要素が、均衡を保ち、調和し、一体となって我々が美と呼ぶものを生み出すのです。この類の美しさはプレーヤーに十分認識されるというよりは、感じとられるものではありますが、常にプレーヤーに無意識の内に影響を与えています。そして時間が経つにつれ、彼は美的な要素が実際に美しいと感じられるようになり、ついにはそのコースを賛美するようになるのです。

〈ハザードの本来の目的〉

その他、ゴルフコース設計上の原則のほとんどは、ハザードの正しい取り扱いに関わるものです。私はハザードについて、競技委員会のルールによる定義よりも広範なものを考えています。何故なら、アンデュレーションのある地面や丘や窪地等々も、プレーヤーにとっては厄介なものだからです。

ほとんどのゴルファーは、ハザードの目的についてまったく誤った見方をしています。ハザードの本来の目的はゲームを面白くすることであるのに、大多数はハザードを下手なショットを罰する道具とみなしています。普通のゴルファーのハザードに対する取り組み方については、過去頻繁に説明してきましたので、また一般論を説明する代わりに次の小話を紹介することにしましょう。

スコットランドのコースを訪ねた一人のプレーヤーが、幾つかのホールの間をうねっている小川について、面白い話はないかとキャディに聞きました。キャディは答えました。

「この前、おえらいさんが来たときのことです。彼の球が小川を越えていった時は『あの美しい小川を飛び越したよ。キャディさん』と上機嫌だったのに、ボールが小川に捕まった途端『君！　あのいまいましい下水溝からボールを拾い上げてくれ』と命令するんです」

筆者が最近前述のプレーヤーの弟とプレーをしたときのことです。彼はゲームを楽しんではいましたが、アルウッドリーで唯一の池に3個もボールを入れてしまいました。クラブハウスに戻ってコースについての感想を聞かれた彼は、一言。

「いまいましい池が多すぎる！」

ハザードの配置の仕方の問題については、基礎的な原則を強調しておきたいと思います。既に指摘したように、ハザードは何処にあっても理不尽ではありません。

プレーヤーが飛ばしやすい場所ぴったりにあるハザードは非常に面白いものです。

何故ならそれを飛び越したり、避けたりするのに特別な努力を要するからです。

〈プレーヤーにスリルを与えること〉

ハザードを設ける目的の1つは、プレーヤーに出来るだけ変化に富んだ楽しい興奮を覚えさせることにあります。内陸に造られたコースの多くでは、ハザードの在り方が画一的で単調すぎて全てのホールをラウンドしてもスリルを味わうことは少ないものです。しかしチャンピオンシップコースと呼ばれるコースでは、プレーヤーは何時もわくわくどきどきしながら、クラブをバッグから取り出すことになるのです。このことは、特にセント・アンドリューズのオールドコースについていえることで、何故このコースが全てのクラスのプレーヤーで人気があるかの理由の1つでもあります。オールドコースさえ批判する人もいますが、それはその人達の想像力が足りないか、このコースの多くの長所を知るのに十分なほど長くここでプレーしていないことによるものかもしれません。

正直なところ、優れたプレーヤーでも、ゴルフのドラマチックな要素を嫌っている人もいます。そのような人達はスコアカードに3と4そして稀に5を記すための円滑な流れを邪魔するいかなるものも忌み嫌うのです。彼等はすべてを「スコアカード上の記録」の観点から見るのです。一方、平均的ゴルファーであるクラブメンバーは熱心なスポーツマンである事が多く、彼はゴルフを「冒険心」をもってとらえています。それがセント・アンドリューズや同じような理想を持って造られたコースが、彼等にアピールする由縁でもあるのです。

私はセント・アンドリューズのオールドコースが完璧だと言っているのではありません。このコースにも欠点があります。特にティーからのロングキャリーが要求されていない点とか、ブラインドバンカーが多いという欠点です。

しかしすべてのクラスのプレーヤーをこのように惹きつけるリンクスは、オールドコースをおいて他にはありません。セント・アンドリューズでは長くそこでプレーすればするほど、より惹きつけられる事になります。そしてこのことは、初めは楽しめるがそのうちに飽きてしまうようなコースに較べて、良いコースとして本物である証明なのです。

良いゴルフコースは、良い音楽や他の佳いものと似ています。初めてプレーした時にアピールするコースである必要はなく、何度も訪ねるほどにプレーヤーが好きになってくるコースであればよいのです。

セント・アンドリューズは、全てのクラスのゴルファー、例えばハンディキャップ30のプレーヤーだけでなく、プラス14の人（そんな人がいればの話ですが）にとっても楽しめるコースを造ることが可能だということの実証例といえるでしょう。

医学的見地から見て興味深いことは、凝視視野と呼ばれる観点からハザードが設置されていない場合は、面白いハザードにはならないという事実です。

例えばティーグラウンドからの凝視視野とは、ティーグラウンドからフェアウェイを見た時、グリーンに向かう直線を挟んで両側10～20ヤード以内の範囲が、その場所からグリーンを凝視した時に視野に入るという意味であり、これ以上離れたハザードは、大抵は苛立ちの原因となるばかりで、役に立たないものであることが多いのです。

ハザードは目的を持って配されるべきであり、ピンフラッグへ向かう直線方向へのプレーに影響を及ぼさないものは造られるべきではありません。

〈多すぎるバンカー〉

全体的にバンカーが余りにも多すぎます。フェアウェイの脇はバンカーで穴だらけにされています。多くのコースで、バンカーの半分を草の生えた窪地として芝で覆えば、もっと面白いコースになるはずです。

1つか2つのバンカーだけで面白いホールを造ることは十分可能なのです。たとえば小川越えのキャリーを伸ばせば伸ばすほど、セカンドショットが簡単になります。もしこのバンカーがなかったら、小川越えの長いキャリーを試みる時の目標物がなくなる訳ですから、アプローチのみならず、ティーショットも面白くないものになるでしょう。

『ちょうど良い場所に数少なくバンカーを配すること』が教訓です。

つまらないゴルフコースでは、運による要素を取り除こうとして無駄な試みをしているところが多いようです。クリケットでの『運』以上にゴルフから『運』を取り除く事はできません。クリケットでもゴルフでも、まずいショットのすべてを罰する事はできません。もしそれができたとしても、ただゲームを面白くないものにするだけでしょう。

ゴルフとクリケットには類似点がたくさんあります。クリケットの野手は、ゴルフのハザードに見立てられます。野手達は大概のショットが行きそうな所に配されます。しかしゴルフでは静止したボールを打ってハザードを避けることができるので、クリケットで野手達を避けるより明らかに簡単なはずです。

どちらのゲームでも、罰せられるのはまずいショットの一部です。しかしながら、最も良いプレーをしている人が必ずといってよいほどトップになるのです。

ゴルフのコース設計において大切な事は、実際より難しいように見せる事です。人は、ほとんど不可能そうに見えても実際は見た目ほどには難しくないホールを攻略することに、大きな喜びを見い出すものです。

このことに関連して、ラフはハザードとしてはあまり重要ではない事が指摘できます。ラフが、恐ろしげに見えるバンカーやハリエニシダやトウシンソウの一帯より難しい事は多々ありますが、ロストボールを捜すのが大変なことに加えて、実際はそんなに難しくないのに恐ろしそうに見えるバンカー越えのショットの時にくらべて、ラフ越えでスリルを味わうことはないのです。

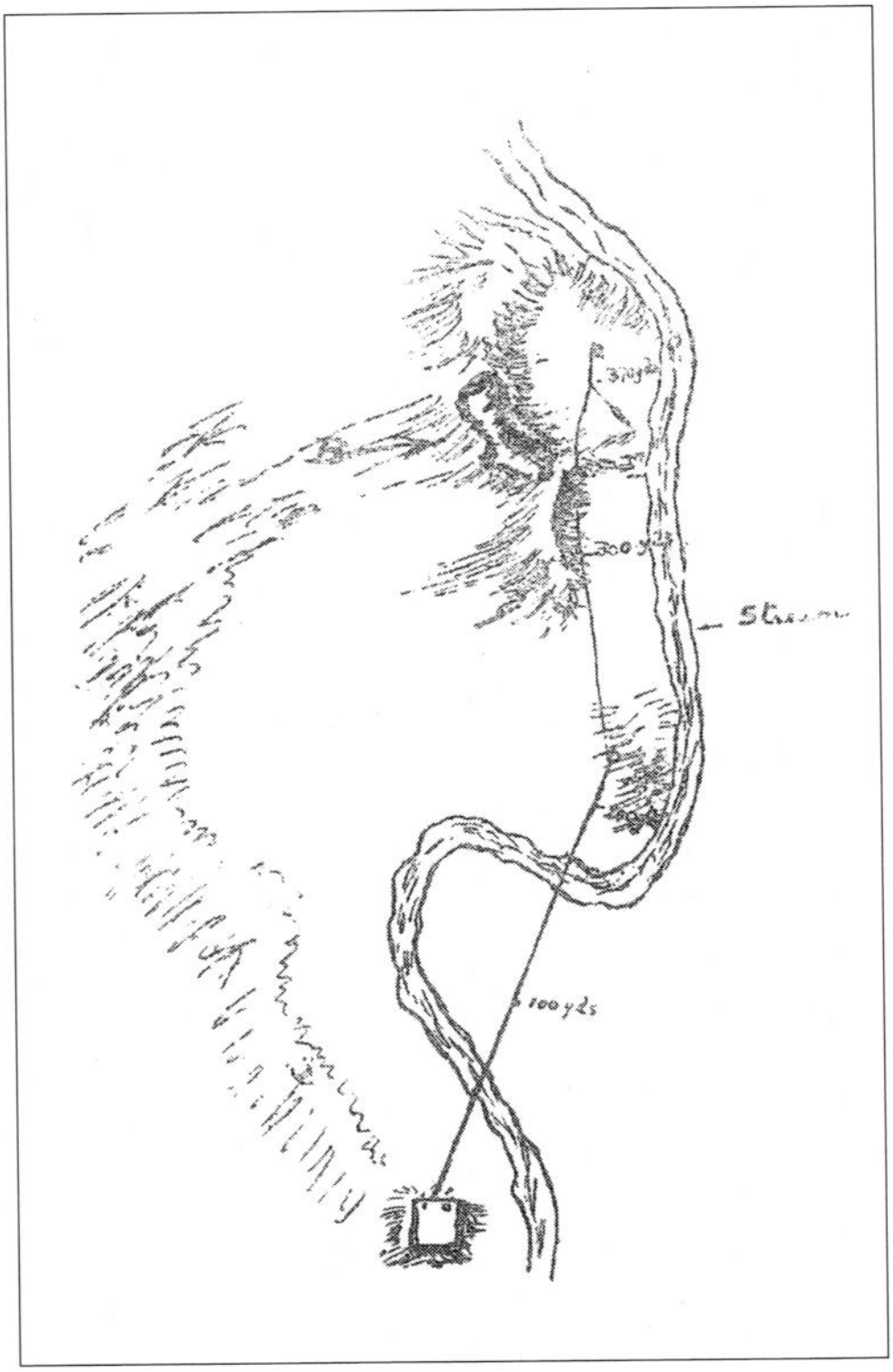

バンカーの価値を説明する為の370ヤードのホールの図解。ティーショットまたはグリーンへのアプローチを対象としてバンカーを追加することは、ホールの面白さを著しく損なう

長い草で挟まれた狭いフェアウェイはゴルファーにとって好ましくないものです。このようなフェアウェイはゲームの調和と連続性を台無しにし、プレーの自由度をとってしまいがちです。結果として、堅苦しい窮屈なゴルフしかできないゴルファーを育てることになります。

セント・アンドリューズやホイレークのような偉大なゴルフの学校とも呼ばれるコースでは、フェアウェイの間にはっきりした境はありません。ラフとフェアウェイの境を直線的に刈込んでしまうのも、よく見受けられる間違いです。フェアウェイは不規則で自然に見えるようなカーブで刈られなければなりません。フェアウェイは、ロングドライブが行くほうへと段々広くなっていかねばなりません。そうであれば長距離ヒッターは、引っかけたり、スライスするプレーヤーより少し有利になるのです。

その上、不規則なカーブはフェアウェイからラフに出たボールを捜すときに、見当をつけやすくするものです。

〈美化されたモグラ塚〉

丘や窪地は形やサイズにおいて多様性に富んでいなければなりません。そしてその裾部分はうねった波間のようなたくさんのスロープで構成され、より自然に見えなければなりません。また、丘や窪地のほとんどは芝刈り機が使えるよう緩やかに造られていなければなりません。多くのコースでみられるモグラ塚のような陳腐なものは避けるべきです。

内陸型コースのバンカーは、慣習的に造られてきた方法とは逆の方法で造られるべきです。現在ほとんどのバンカーは、凹みがすべて砂地になっていて周りの土手に芝が植えられています。もし凹みの一部に芝を植え、土手を砂地にすればもっと自然に見えるようになるでしょう。こうすれば次のような利点も生まれます。

まず外観がもっと海岸沿いのリンクスコースのようになるでしょう。次に地表面より高いところにある砂はいつも乾燥しています。3番目に白や黄色の砂と草のコントラストは、距離をより正確に判断するのに役立ち、ボールを見つけやすくするでしょう。そして最後にロストボールをなくすために長い草を大鎌で刈るという面倒さと費用を省くことができるのです。

さらにグリーンを守るためのバンカーも含めて、バンカーは概して造形上間違った形状に造られているようです。大抵は砂の面が水平になりすぎていて、ボールがあごの下のプレー不可能な位置につかまりやすくなっています。バンカーのあごの下は、ボールがいつもバンカー中央の方に転がり戻っていくようにかなりの傾斜をもたせるべきです。

バンカーの縁は、自然のなかでそうであるように、ボールがバンカーに落ちるのを避けるために少しオーバーハングさせた方がよいでしょう。

バンカー造りにおいて、自然の傾斜を模倣して得られた筆者の経験を活かして、第一次世界大戦では、堤防などを覆う材料を何千ポンドも節約することができました。上のほうで切り立っていて底の部分で丸くなる小川の土手のような断面をもった堀は、コンクリートなどで固められなくてもそのまま崩れずに残っているものです。

この法則（土木工学でいうところの円弧すべり）が指摘される以前は、兵隊は皆、上のほうが緩い傾斜をもつざん壕を掘っていました。そして掘り下げるほどより垂直になり、時にはえぐられてさえいました。この種のざん壕は例外なく崩れてしまいましたが、上のほうが垂直で底の部分で丸くなっているものは、崩れませんでした。

グリーンを守ることを意図して造られているハザードは大抵そのグリーンから遠くに置かれすぎています。この種のハザードはグリーンの端からできるだけ近くに置くべきです。そうすれば、（特にそれらがなだらかな丘や窪地である場合は）それから大きく離れたところにいるプレーヤーにも非常に難しいピッチを要求し、時にはハザードのなかにいる人よりも困難な状況におかれることになります。

グリーンに食い込んだバンカーは、正確なプレーを行った人が有利になる最も公正な方法です。このようなバンカーはつかまった人を罰するだけでなく、そのラインにかかればそれから遠く離れた人をも皆罰します。

たとえばセント・アンドリューズの17番の『ロード』バンカーにつかまった場合、素晴らしいダンクショットでピンそばに寄せうまく切り抜けることができる可能性もありますが、ほとんどの人は『ロード』バンカーでストロークを費やします。

またこのバンカーにつかまらなかったプレーヤーにしても越えるだけで精一杯で、バンカー越えのピンに対してそんなには正確にピッチできません。この『ロード』バンカーに似せて配されたバンカーは、この特質を強調して造るべきです。場合によってはパターで外に出せるくらいの緩やかなスロープで構成することも可能かもしれません。

グリーンの端のマウンドはホールを正しく攻める人には有利になるが、正しく攻めなかった人にとってはハザードとなるように造られるべきです。

委員会が犯す最も重大な間違いの一つに、新規建設工事に関して「コンサルタントのアドバイスを求めなければそこに支払う分だけ節約ができる」という考えがあると思います。

規模の大小を問わず、ゴルフ設計家によってコースがデザインされなかったり、有能な監督により建設工事が管理されなかったために、ゴルフクラブはこれまで不良な工事に何百万ポンドも浪費してきました。

的確なアドバイスこそが一番必要なのです。資金が少なければ少ないほど、その少ない資金を間違った工事で浪費しないように、初めから一番よいアドバイスを得ることが重要です。

〈初心者のためのコース〉

ある有名なゴルフクラブが新しいゴルフコースを造るにあたって、委員会が自分たちでレイアウトを決めると宣言したという話を聞いたことがあります。ゴルフ設計家がアベレージゴルファーにとってコースを難しくしすぎるのを恐れてのことだといいます。現代のゴルフ設計家は、正にそのようなことをしないようにしており、初心者やハンディキャップの多いプレーヤーに最も同情的な配慮を示すと同時に、すべての種類とコンディションのプレーヤーにとっても面白いコースを造ろうとしているのです。

現代の設計家の特徴は、常に2つの選択肢を用意することにあります。1つは、広くて楽な、しかし破滅へと至る道。しかし救済が与えられる道（それは、ハンディキャップの多いプレーヤーにとって6とか7のスコアとなる）。もう1つは、真っすぐな狭い道（それはプラスのハンディキャップのプレーヤーにとって3とか4のスコアとなる）です。

筆者はちょうど、素晴らしい砂丘地帯から帰ってきたところです。私がそこで休暇を過ごすことにした理由は、以前訪ねたことがあった事と、ハリー・S・コルト氏のイングランドで最も素晴らしいコースとなるであろう18ホールのコースの建設プランを早く見たかったからでした。

到着するとすぐに、支配人や委員会そして役員達が、誤った経済的な理由でコルト氏を工事の監督に招かず、自分たちでやってしまったことに気がつきました。その結果は、コルト氏が必要としたであろう費用の3倍から4倍の費用を要した上に、コルト氏のスキームの産物であった美しい自然なアンデュレーションの多くを破壊し、ピンの根元までよく見えるグリーンからセミブラインドグリーンへの変更や、クリケット用の芝生のような平板なグリーンを設置し、間違った管理方法による芝の完全な欠如というものでした。そして、ティーグラウンドやバンカーやグリーンの位置は変更され、初心者やハンディキャップの多いプレーヤーへの配慮は微塵も見受けられませんでした。

海岸沿いのリンクスコースでは特に、建設工事はほとんど必要ありません。大切なことは、今ある特長を最大限に活かすことです。熟達した監督の下に費やされた

500ポンドの労賃は、思慮なくついやされた1万ポンドより有効なのです。

ゴルフクラブの場合、コースに関するいかなる規模の工事でもコース設計家を雇うほうが、クラブハウスの設計家を雇うより重要なことといえるでしょう。コース設計の方がクラブハウス設計よりも大きな間違いを犯すことが多いからです。スクラッチプレーヤーやハンディキャップが3とか4とか8の人で構成された平均的な委員会がレイアウトしたコースの結果がどんなものであるかは想像に難くないでしょう。彼等のほとんどは（多分無意識のうちに）自分達自身がつかまりそうなハザードを造るのを嫌いますが、ハンディキャップ24の哀れな下手くそのことまでは考えても仕方ないという意見には、全く異議を唱えません。

最終的には「海のものとも山のものともつかないもの」ができ上がるのです。

〈ゴルフコース設計家の資格〉

ゴルフコース設計の専門家はゲームのプレーの理論に精通していなければなりませんが、実際のプレーの腕前とは関係ありません。理想的な設計家は、専門家として植物学、地質学、そして特に農芸化学の知識を持っているべきであり、又芸術家気質とよばれるようなものや、活々とした想像力も持っていなくてはなりません。我々は皆プレーする時に新鮮な想像力ほど重要なものはないことを知っています。しかし、この想像力と、最大多数の人に最大の楽しみを与えるものが何であるかを判断させるのに十分な心理学の知識が、ゴルフコース設計では特に求められているものなのです。エキスパートの訓練は物理的なものでなく精神的なものであるべきです。

私の最後の原則は特にグリーンキーパーに関係するものであり、それはコースは1年中完璧な状態に保たれなければならないということです。

冬期に雨の多い英国の気候下では、粘土質の土地はコンディションの良いコースにはならないと一般的には考えられています。よく排水され、表面の芝生が健康な状態でありさえすれば、土質が何であるかという問題はそれほど難しい問題にはなりません。ぬかるんだコースとなる原因はほとんどの場合、排水不良、害虫、不適切な芝種選定が原因です。虫は駆除できますし、正しい種類の芝土はグリーンキーピングの現代的な方法を用いることによって得ることができます。

冬場に非常に状態の悪くなるコースを、どうすれば良いコースにできるかという多くのヒントがイングランド北部のコースに見られます。モグラ穴排水のような手法で表面の排水を行えば、虫が活動できないほど床土を乾燥させるので、虫を除去することができるのです。

〈グリーンの管理についての助言〉

グリーンの保守管理で犯しやすい誤りは、ある手入れ方法がそのコースによいからといって、他のコースにも当てはまるだろうと考えることです。

グリーンキーパーはどんな管理方法が最も自分達のグリーンに良いかを言えるように、十分な化学や植物学の知識をもっていなければなりません。

たとえば種苗業者によって売られている普通の人工肥料は、過燐酸石灰の3つの成分からなっています。すなわち大部分はアンモニアの燐酸塩とカリウムの硫酸塩、そして1割程が鉄の硫酸塩なのです。雑草がなければ硫化鉄は省略してよいでしょう。雛菊が出ていれば、燐酸アンモニュウムを増やすほうがよく、またクローバーが生えていれば、カリウムと石灰の量を減らすべきです。芝土が酸性であるか又はカタバミがはびこっていれば、硫化アンモニュウムを減らし石灰は別の肥料として使われるべきです。

農業用肥料を一般的にゴルフコースの肥料として使うことには感心できません。これらは雑草や虫を誘発しやすいのです。

化学肥料は、天然の肥料（ペルー産の鳥糞石や麦芽の茎、乾燥した樹木の汁等）といっしょに適切な場所に使わなくてはなりません。腐植土が必要ならピートを砕いたものや細かく刻んだ海藻等を芝土の下に敷込むべきであって、芝刈り機の上に荷台を置いて撒き散らすような事は、めったにすべきではありません。

ゴルフコースに必要な芝は、農業的な見地から要求されるものと全く違うものであるということをここに明記しておきます。

コガネムシや羽虫の幼虫がゴルフコースにとって役に立つというのは、今では全くの誤りです。地中を這い回るこれらの虫は鉄を溶かす溶鉱炉から得られる炭により除去されなければならず、普通の木炭は殆ど役に立ちません。この手の炭はそれについた鉄の鋭い破片によって物理的に作用し、その破片が幼虫を傷つけ土の中で活動するのを防ぎます。

殺虫剤、特にモーラ・ミール（最近、開発された殺虫剤）を含むものは虫を駆除するのに大いに役立ちます。

殺虫剤が人工肥料と混ぜられていなければ肥料の役目をまったくはたさないと考えるのは誤りです。グリーンキーパーは殺虫剤を使ったあとに、草がますます緑になることを教えてくれるでしょう。それは虫がそのぬるぬるした体で草の中を這いまわり、草を脱色させることがなくなる事によるものです。

〈グリーンの刈り込み〉

冬の間グリーンの刈込みをしないというのはよくある間違いです。私は冬の間にグリーンを刈ることがグリーンに良い事だということを信じて疑いません。冬の間でも定期的にグリーンを刈ることは、芝目が粗くなることを防ぐのです。

グリーンが冬場ずっと良い状態にあるスコットランドのコースで、兎が冬の間中芝草を食べないということがあるでしょうか？　芝刈り機の刃が兎の歯よりも草にとって悪いということがあるでしょうか？　グリーンを造るために種を蒔く時、十分な量の種を使わないというのもよく犯す間違いです。床土は事前に土壌の化学的な成分に応じて十分な肥料を施され整備されてなくてはなりません。そして平均1グリーンにつき5ブッシェル（1ブッシェルは約36・4リットル）の種を蒔くべきです。

販売されている混播用芝種は、発芽しない種がかなりの割合で混ざっており、それらは普通の土壌では発芽しません。あくどい種苗商人は、このようにして正直な商人より安値で売っています。3ブッシェルの良い種は、発芽しない不良な種をたくさん含む6ブッシェルの種よりずっと良い結果をもたらします。

今まで述べてきた考え方は、読者にとって革新的に聞こえるかもしれません。しかし、『一般的な原則』についてのこの章の締めくくりとして、この原則の実践が、色々な条件下で成功していることを保証しておきたいと思います。

注1　1869-1929　ケンブリッジのクレアカレッジで学び、ゴルフ理論を近代化。著書『Concerning Golf（ゴルフについて）』（1903年刊）は戦略型設計のはじまりとされる

【Plans for the Ideal Golf Course】

理想的なゴルフコースのプラン

オーガスタ・ナショナル・ゴルフクラブのコースを造るにあたってロバート・タイア・ジョーンズ・ジュニア氏と私は、理想的なインランドコースを造ることを試みました。

この様な目標を達成するためには、設計家はゴルフという芸術性についての十分な知識を持っていることが必要であり、この高邁なゴールを達成するに十分な素材を与えられなければなりません。

私自身の経歴をごく簡単に紹介しておきましょう。私は20年以上にもわたり世界中で実際にゴルフコースを造ってきました。もし、ここにそれら全部をリストアップできれば、そのうちの幾つかは読者も卓越した物であったことを認めて下さることと思います。

ジョーンズ氏、つまりボブ（彼の親しい人々は皆そう彼のことを呼ぶので、私も同様にさせていただきます）がはかりしれない価値のある助力を私に与えてくれたことに感謝したいと思います。彼はクラブのプレジデントとして事業経営を精力的にこなす一方、コースのデザインと建設に関する全ての事項についても積極的に活動しました。ボブは、ゴルフの探究者というだけでなくゴルフコースの研究家でもありました。

彼と知り合ってから何年にもなりますが、アメリカだけでなくイングランドやスコットランドのほとんどの有名なゴルフコースについて、明確な記憶と知識を持っていることに、いつも驚かされてきました。ボブは興味を引くホールの全ての特徴を考察し記憶する才能を持っているようです。そして又、彼が興味を持ったホールの長所と短所両方を分析し、指摘できる鋭い観察力にちょっと不意を打たれました。ボブのような助力を私にあたえてくれる人物は他には誰もいないと確信しています。

もしこのコースが、世界的に素晴らしいインランドコースになるなら（私はそう堅く信じているのですが）それは、ボブの助けによってできあがったオリジナルアイディアに依るところが大きいといっておかなければなりません。「理想的」なコースを造ろうとしていると、自ずと問題は「理想的」なコースがどう在るべきか、ということに行き着きます。ボブと私は、理想的なコースの基本とは何かということについて、完全に一致していました。

1 真に偉大なコースは、最大多数のプレーヤーが常に楽しんでプレーできるものでなくてはならない。

2 プレーの際、技術と同様に戦略も要求するものでなければならない。そうでなければゴルファーの興味をひき続けることはできない。

3 アベレージプレーヤーにも良いプレーができるよう十分なチャンスを与えると同様にアンダー・パーを狙うエキスパートからは、最高の技術、戦略を要求するようなものでなければならない。

4 全ての自然の美は保存されなければならず、自然のハザードをそのまま使用し、人工的なものは最小限に留められなければならない。

次に正直に言っておきたいことは、もし我々の完成した仕事が好意的に受け取られるなら、それは偏《ひとえ》に我々が自由に使えた素晴らしい素材によるものだということです。我々には大きな土地、そびえ立つ松林や他の色々な種類の木々、美しい潅木、小川、多様な穏やかなうねりを見せる土地、フェアウェイの芝を育てるのに良い肥えた土壌、建築的見地からいっても美しい自然の背景が、初めから与えられていました。

この土地はもともと、バークマンズというベルギーの男爵によって治められていました。彼は熱心な園芸家で、その、財産が許す限りその趣味に没頭していたようです。アメリカでゴルフが人気のあるスポーツとなり、自分の地所がゴルフコースに造成され、世界の有名なプレーヤーによって使われるなど、その当時の男爵は考えてみたこともないでしょう。

しかし、もしボブの偉大な祖父が男爵に前もって何が起こるかを話していたら、男爵は園芸プログラムを推進してはいなかったと思います。そしてそのプログラムは我々の目的のために大いに役に立ってくれたのです。

ツツジや椿は豊富にあり、多種類の小さな植物、潅木やマカギ、本物のコルクの木などがあります。多くの（もう今は大きさからいって本当の木に成っている）日本の盆栽もあります。

しかし、これらの中で最も印象的なのは、2列の100本の木蓮の木（南部では最高とされている）が、この「ゴルファー天国」の入口へのドライブウェイの両側に立ち並んでいることです。

我々のゴルフコースの話に戻りましょう。誰もが楽しめるコースを造ることができるのか、という疑問を持たれるかもしれません。しかし、ボブが1番好きなスコットランドのセント・アンドリューズのオールドコースがこの理想に非常に近いところにあるといえます。

最も有名なゴルフホールのコピーをオーガスタで造って見ようという提案がなされた事がありました。この手の試みは必ず失敗するものです。

有名な絵画を複製する事は出来るかもしれませんが、ゴルフのホールの魅力は背景の砂丘、木々、時には数マイル先の山々によって造り出されるものです。

適正な周囲の風景ぬきのコピーは、不自然な景観を作り、魅力の代わりに苛立たしさを生むだけです。一方、世界の際だったホールを頭の中で描き、それらの進んだ特長を再生、または、さらに改善を加えるのにその知識を利用するのは良い方法です。

我々はオーガスタで古典的なホールのコピーではなく、古典的なホールの長所を土地の特質によって与えられる特徴で肉付けし、18の理想的なホールを造ろうと奮闘しました。我々は、この様なユニークな特長の集大成として、これらのホールが今後それ自体クラシックと見なされることを願っています。

ゴルフコースの厳正な評価は人気を保ち続けられるかどうかにかかっています。そしてそれこそが我々にとって最大の難題なのです。ハンディキャップ18ぐらいのアベレージゴルファーは自分自身の腕前を正確に把握しているでしょうか？　巧くプレーできたらコースを誉めるでしょう。しかし、スコアが悪ければ、悪態のひとつもつきたくなるでしょう。戦略をたてるのに失敗した人々に激しく非難されるのは、大体の場合最も良いホールです。

ボブ・ジョーンズはこの事を非常に強く認識していたので、オーガスタ・ナショナルのデザインについて意見を聞かれると、このコースは他のコースとずいぶん違うので、多くのメンバーが初めは設計者について不平を言うかもしれないと言いました。数年前なら私もボブに同意していたかもしれませんが、彼自身の教えやC・B・マクドナルド、[注1]マックス・バー、[注2]ロバート・ハンター[注3]や、他の人々の著書のお陰で、今やアメリカ人はゴルフの生誕地であるスコットランド人より、真の戦略的ゴルフの良さを認めるようになっています。

オーガスタ・ナショナルが長いコースだという印象を受ける人はいないと思います。アンデュレーションはありますが、きつい高低はありません。グリーンから次のティーが遠くていらいらすることもないでしょう。その上、ロストボールを捜す厄介さもないのでプレーヤーは、実際よりも距離が短い印象を受けるのです。ゴルフホールをその見た目の印象が明確に浮かぶように言葉で表すのは難しい事ですが、読者も知っている有名なホールとの類似性を交えて、オーガスタコースの概要を簡単なメモでご紹介しましょう。

No.1　レギュラー　395Y
チャンピオンシップ　420Y

これは、比較的簡単な打下ろしのホールです。ティーから150Y〜170Yの所に左から右に走る壮観なバンカーがあります。バンカー越えのロングドライブは台地の上に落ちるでしょう。

そこから、大きなすり鉢状のグリーンを狙うのは簡単です。このホールは、カリフォルニアのサイプレスポイントの13番やイギリスの最高のインランドリンクスの一つであるアルウッドリーの4番の魅力的な特長を持つことになるでしょう。

No.2　レギュラー　405Y
チャンピオンシップ　430Y

グリーンは美しい小川が蛇行している懐に抱かれています。アプローチは左から右上がりに急な上り勾配が在り、左に正確に落とせば落とすほど次のショットが簡単になります。これはバンカーが一つもなくとも、最も魅力的なホールになるでしょう。この様なホールを私は他に知りません。

No.3　レギュラー　120Y

チャンピオンシップ　130Y

ここは、小川を越えてすぐの長く狭いグリーンへのピッチショットが問題です。グリーンの向こうには美しい樹木で覆われた険しい砂の土手があります。

No.4　レギュラー　420Y

チャンピオンシップ　440Y

このホールでは、小川沿いに打ち進められ、最後のショットで小川を越えることになります。小川の後ろは、素晴らしい松の木で覆われたスロープになっています。このホールはカリフォルニアのサイプレスポイントの17番やC・B・マクドナルドの本に書かれている理想的なホールの最上の特長を持つ事になるでしょう。

No.5　レギュラー　395Y

チャンピオンシップ　425Y

このホールは、スコットランドのセント・アンドリューズのオールドコースの6番の特長をいくつか持っています。左のバンカーを避ける、もしくは越えるロングドライブはグリーンの見えるショットを残すことが出来ます。左からは、グリーンは半分見えず、さらに小高い丘や窪みを数々こなしてのランアップアプローチが要求されます。

No.6　レギュラー　460Y
チャンピオンシップ　485Y

ここは多くのゴルファーにとって、〝3ショットホール〟になるでしょう。小川は何本にも分かれ、セント・アンドリューズの1番と同じ様なループを描きます。このホールはティーショット以降、ポジショニングに策を弄する事になるおもしろい3ショットホールというだけでなく、腕の立つ勇敢なプレーヤーにとっては、素晴らしい2ショットホールとなるでしょう。というのも、彼らは小川のループの右にある大きな丘に助けられ、セカンドショットをグリーンの側まで寄せることが可能だからです。

No.7　レギュラー　140Y
チャンピオンシップ　150Y

この小川越えのホールは、イングランドのストークポージスの最高のホール（7番）に似ている所があります。多分、グリーンが見えやすく、背景がより魅力的だという点でストークポージスより優れているかもしれません。

No.8　レギュラー　375Y
チャンピオンシップ　410Y

このグリーンの構成は、有名なセント・アンドリューズの14番に似ている所があります。グリーンを右からとらえ、パーを狙うのであればランアップショットをすることが必要です。我々は、さえないピッチショットがグリーンで止まることのないような芝土を作りたいのです。プレーヤーが、理想的なショットを打てるようになるまでは、このホールは、最もひどく批判されるホールの1つとなるでしょう。

No. 9　レギュラー　390Y
チャンピオンシップ　410Y

ティーショットは、谷と左から右へ斜めに横切る土手越えとなります。グリーンへのアプローチでは左に深いバンカーがあります。

No. 10　レギュラー　400Y
チャンピオンシップ　430Y

右手の林を避けての長いストレートなドライブは、有利なセカンドショットのポジションを約束してくれます。他のどんな場所からもパーを狙うのは困難です。

No.11　レギュラー　480Y
チャンピオンシップ　510Y

打下ろしの面白いパー5のホールです。それぞれのショットを正確に落とさなければなりません。一方、パワフルで正確なプレーヤーには2オンも可能です。

No.12　レギュラー　335Y
チャンピオンシップ　360Y

このホールのグリーンは、風変わりな自然の平地の上にあり注意を要します。グリーンの左手は非常に狭く、右手は広い。誰にとってもセカンドショットでグリーンの広いほうにのせるのは簡単ですが、ピンが大抵置かれている狭いほうをとらえることは難しいでしょう。

No.13　レギュラー　160Y
チャンピオンシップ　170Y

このホールは、セント・アンドリューズの有名な11番（エデン）にとてもよく似ています。過去にもこの有名なホールのコピーを試みた例は数々ありますが、1つとしてオリジナルの魅力とスリルを再現したものはありません。ほとんどのコピーが失敗したのは、このオリジナルホールの興を創り出している微妙で厳しい丘がなく、そしてまた、芝土が軟らかすぎて、どんないい加減なピッチショットも止まってしまうからです。過去の失敗を反省して段々改善されてきていますが、これらの失敗から我々は、オリジナルと比較して遜色ないようなホールを造れるかもしれないという感触を得ることができました。

No.14 レギュラー 445Y
チャンピオンシップ 470Y

このホールは、セント・アンドリューズの有名な17番、ロードホールと似たタイプのものになるでしょう。一群の木々が、ステーションマスターの庭の代わりにドッグレッグのコーナーを形造り、グリーンはそのお手本と同じように台地の上にあります。

No.15 レギュラー 180Y
チャンピオンシップ 200Y

このホールは、スコットランドのノース・バーウィックのレダンホールと似たものになるでしょう。しかし、その素晴らしい見通し、土地のレイアウト、周囲の美しさのお陰で、オリジナルのレダンよりずっと魅力的なものが造れると思います。

No.16　レギュラー　315Y
チャンピオンシップ　340Y

　このホールは、セント・アンドリューズの18番と似た特長を持つことになるでしょう。グリーンの前に広く深い窪みが口を開けていて、パーを狙うには正確な角度からの攻めが必要になるでしょう。このホールでは、旗が通常の位置にある場合にはピッチショットで狙うことが非常に難しいので、ランアップショットをすることが望ましいでしょう。

No.17　レギュラー　470Y
チャンピオンシップ　490Y

　打ち上げの3ショットホール。グリーンは、9～12フィートの高さの大きな丘に囲まれたすり鉢の中にあります。3打目からはグリーンが見え、2打で打てるプレーヤーには周りの丘のサイズによって、グリーンの位置が分かるでしょう。このグリーンはスコットランドのミュアフィールドの17番グリーンと比べられるかもしれません。

No.18　レギュラー　405Y
チャンピオンシップ　430Y

このホールは少し打下ろしのいわゆる『岬タイプ』のホールです。右に真っすぐロングドライブを打てば、セカンドショットでグリーンにのせるのは簡単です。

No.19 レギュラー 90Y

クリフォード・ロバーツ、[注4]グランドランド・ライス他、[注5]何人かの理事達は、本当の19番を設けるのも面白いかもしれないと考えました。負けた人が挽回してお金を取り戻せる様にという訳です。19番ホールは魅力的な台地状のグリーンで、旗が通常立てられているほうは狭く、しかしもう一方は、狭いグリーンの奥に打ち込む勇気のない人にも安全な道を選べるように広くなっています。そういった意味ではこのホールは、ロスアンジェルスの近くのレークサイドのアウトにあるショートホールと似ているところがあります。

私は実際の19番ホールを持っているゴルフコースを2つしか知りません。1つはノルウッド（ニューヨーク）で、もう1つはタイ・オ・シャンタークラブ（デトロイト）です。

まとめとして、いくつかの特徴を詳細に述べましょう。

ヤーデージ

コースの長さはレギュラーティーで6300ヤード、チャンピオンティーで6700ヤード。両方のティーは同じティーグラウンドに置きます。コースのパーは72。

フェアウェイ

フェアウェイは、全てのタイプのプレーヤーが、ティーからフェアウェイまでのルートを選べるように、そして彼が巧く切り抜けられるようにアレンジしてあります。アンダー・パーを狙うエキスパートは、病気の時のようにあらゆる手段を講じて問題に立ち向かっている自分を発見するでしょう。最高の芝土を保証するため、フェアウェイには給水設備が備えられます。

グリーン

グリーンは「グラス・パッティング・サーフェス」を持っています。大部分は緩やかにロールしていますが、いくつかは明確にうねっています。グリーンは全てゆったりとしたプロポーションで、幅の平均は32ヤード、奥行きの平均は33ヤードです。

バンカー

バンカーの数は比較的少ないほうです。林や小川、緩やかにうねるフェアウェイが自然のハザードとなっています。幾つかの変わったデザインのバンカーに囲まれていないグリーンが在ります。

ドクター・アリスター・マッケンジー

注1　1855-1939　チャールズ・ブレア・マクドナルド。アメリカにおけるコース設計家のパイオニア。セント・アンドリューズ大学留学中、オールド・トム・モリスと親交を結ぶ。1892年開場のシカゴGCの設計で本格デビュー、ザ・ナショナルGLやリドGCなど数多くの名コースを手がけた

注2　1884-1955　イエール大卒のトップアマ。『ゴルフイラストレイテッド』誌の編集者を経てコース設計家へ転身。18年、カリフォルニアへ転居してA・マッケンジーの知遇を得る。ノースハリウッドのレイクサイドGCが代表作

注3　1847-1942　マッケンジーの片腕としてサイプレスポイントクラブやザ・メドウクラブなどのコース設計に数多く参画。一方、豊富な経験をもとにゴルフ場設計の思想、実践の基本と応用などを多くの著作にまとめ、後進の育成に貢献した

注4　1894-1977　ニューヨークの実業家、アイゼンハワー大統領の腹心。オーガスタ・ナショナルGCの創設に貢献し、第1回以降、マスターズ・トーナメントの運営委員長を長らく務め、現在の華やかな祭典の基盤を築いた功労者

注5　1880-1954　20世紀初頭のアメリカにおけるスポーツ・ジャーナリズムの大御所。ニューヨークの邸宅はしばしばボビー・ジョーンズの宿舎にもなった

1927	ブレアゴウリー GC	イギリス	パースシャー	9 ホールを 18 ホールに設計
	キャッスルタウン GL	イギリス	マン島	改造
	コーク GC	アイルランド	クレア	9 ホールを 18 ホールに設計
	ダグラス GC(公営)	イギリス	マン島	設計
	ダグラス GC	イギリス	コーク	改造
	ヘーゼルヘッド№1	イギリス	アバディーン	設計
	キングストンヒース GC	オーストラリア	チェルトナム	改造
	レイクカリーニャップ CC	オーストラリア	パースシャー	A. ラッセルと共同設計
	ラヒンチ GC	アイルランド	クレア	11 ホールを 18 ホールに設計
	マスケリー GC	アイルランド	コーク	改造
	ペブルビーチ GL	アメリカ	カリフォルニア	R. ハンターと共同改造
	ロイヤルクイーンズランド GC	オーストラリア	クイーンズランド	改造
	ロイヤルシドニー GC	オーストラリア	シドニー	改造
	ウエストハーツ GC	イギリス	ハートフォード	改造
1928	サイプレスポイント C	アメリカ	カリフォルニア	R. ハンターと J. フレミングと共同改造
	ペニンシュラ CC	アメリカ	モントレー	R. ハンターと共同改造
	ニューサウスウェールズ GC	オーストラリア	シドニー	設計
	バリークラブオブモンテシート	アメリカ	カリフォルニア	R. ハンターと共同改造
1929	ボビー・ジョーンズ サイプレスポイントでエキシビジョンを行う。			
	レイクマーセッド G&CC	アメリカ	カリフォルニア	改造
	パサティエンポ GC	アメリカ	カリフォルニア	設計
	ヤラヤラ GC	オーストラリア	メルボルン	A. ラッセルと共同設計
1930	グリーンヒルズ CC	アメリカ	カリフォルニア	R. ハンターと HC イーガンと共同改造
	セントチャールズ CC ウィニペグ	カナダ	マニトバ	18H のうち9ホールを設計
1931	レイクプラシッドクラブ GC	アメリカ	カリフォルニア	改造
	ミシガン大学 GC	アメリカ	ミシガン	P. マクスウェルと共同設計
	パルメット GC	アメリカ	サウスカロライナ	改造
	シャープパーク GC	アメリカ	カリフォルニア	設計
1932	ベイサイド GL	アメリカ	ニューヨーク	改造
	ハギンオークス GC(公営)	アメリカ	サウスカロライナ	設計
1934	オーガスタナショナル GC	アメリカ	ジョージア	設計
	オーガスタナショナル GC の完成を見ることなく 64 歳で永眠。			
1935	ジャッキークラブ	アルゼンチン	ブエノスアイレス	設計
	マルデルプラタ GC	アルゼンチン	マルデルプラタ	改造
1937	オハイオ州立大学 GC	アメリカ	オハイオ	P. マクスウェルと共同設計

マッケンジーの作品と年譜

		所在地		設計
1870	スコットランド人の両親のもと英国リーズ郊外に生まれる。			
1895	ケンブリッジ大学で医学、自然科学、科学の学位を得る。			
1899 ~1902	南アのボーア戦争に軍医として前線へ。			
1907	自身がメンバーのアルウッドリー GC に改造私案を提出。 不採用だったが改造担当者のコルトが感銘し、マッケンジーを協力者にする。			
1909	開業医を廃業しプロのコース設計家に。			
	ダーリントン GC	イギリス	ダーラム	設計
	フルフォード GC	イギリス	ヨーク	設計
	ムーアタウン GC	イギリス	リーズ	設計
	ウォルソール GC	イギリス	ウォルソール	設計
1912	レディッシュヴェール GC	イギリス	マンチェスター	設計
1913	シットウェルパーク GC	イギリス	ヨーク	設計
	ヘディングリー GC	イギリス	リーズ	改造
1914	英国『カントリーライフ』誌の設計募集に応募、1 位となる。			
	オークデール GC	イギリス	ヨーク	設計
1914 ～ 1918	第一次世界大戦、英国陸軍工兵隊中尉に。 英国初のカモフラージュ専門学校を創設、校長を務める。			
1919	フェリックス ストウ フェリー GC	イギリス	サフォーク	設計
	グレンジオーバーサンズ GC	イギリス	カンブリア	設計
1920	マーズデン GC	イギリス	ハダースフィールド	設計
1922	ハードリーウッド GC	イギリス	ハーズ	設計
1923	ピツレビー GC	イギリス	ファイフ	設計
1924	ブランセペスキャッスル GC	イギリス	ノーサンバーランド	H. コルトと共同設計
	ノースアンバーワールド GC	イギリス	ゴスフォース	改造
	テインマス GC	イギリス	デボン	設計
	ウースター G & CC	イギリス	ウースター	改造
	ウスターシャー―GC	イギリス	マルバーン	設計
1925	コルトから離れ、独立。			
	ブラックプールパーク GC	イギリス	ランス	設計
	キャヴァンディッシュ GC	イギリス	ボクストン	設計
	ロウ ライス GC	イギリス	ハダースフィールド	設計
	ウィリンドン GC	イギリス	サセックス	改造
1926	ロイヤルアデレード GC	オーストラリア	アデレード	改造
	オーストラリアン GC	オーストラリア	ケンジントン	設計
	ロイヤルダフハウス GC	イギリス	バンフ	C.A. マッケンジーと共同改造
	フリンダーズ GC	オーストラリア	ヴィクトリア	設計
	ロイヤルウェリントン GC(ヘレタンガ)	ニュージーランド	ウェリントン	設計
	ロイヤルメルボルン GC	オーストラリア	ブラックロック	A. ラッセルと共同設計
	サンドリンガム GC	オーストラリア	メルボルン	設計
	ティティランギ GC	ニュージーランド		改造
1927	ビングリーセントアイブス GC	イギリス	ヨーク	設計

訳者解説

迫田 耕

本書はコース設計を志す者たちにとってはバイブルであり、欧米ゴルフ界では「コースの成り立ち」の常識というか、見識の根幹部分だと認識されている。縁あって日本での版権を入手し、97年に翻訳刊行した。今回、Choice 選書に訳本の一部を紹介できることをうれしく思う。

翻訳や装丁の苦労話や失敗談は多々あるが、出版して間もなくの某会合で故・金田武明さんと同席した折、翻訳間違いを指摘された経験を思い出す。彼は皆の前で恥をかかせないようにと、トイレにまで付き合ってくださったのだ。

この書籍はオーガスタ・ナショナルGCで行われるマスターズについての書籍だろうから、コース変遷にも触れておこう。

テレビ画面では想像できないと思うが、このコースはほとんど同緯度の箱根にあってもおかしくないほどアップダウンに富んでいる。開場当時と現在ではアウトとインが逆だし、距離も87年間で775ヤードも伸びている。

バンカー数も倍増し、グリーンはベント芝になり、16番はロバート・トレント・ジョーンズ・シニアにより池のホールに変えられ、最近ではファーストカットと呼ばれるセミラフまで登場した。

しかしこのコースは、球聖ボビー・ジョーンズが会得し、その後急速に世界中のコースで採用されるようになった基準打数の概念を必死で守ろうとしているようにも見える。

パーの基本概念は、その時代のもっとも優れたプレーヤーが到達し得る最少スコアを指し、4日間で2桁アンダーなどコースの敗北以外の何物でもないからだ。

主なヤーデージ変遷と優勝者

年	Yards	優勝スコア	優勝者
AUGUSTA NATIONAL INVITATION TOURNAMENT			
1934	6700	284	Horton Smith
1938	6800	285	Henry Picard
MASTERS TOURNAMENT			
1939	6800	279	Ralph Guldahl
1948	6900	279	Claude Harmon
1952	6950	286	Sam Snead
1956	6965	289	Jack Burke Jr.
1957	6980	282	Doug Ford
1974	7020	278	Gary Player
1976	7030	271	Raymond Floyd
1978	7040	277	Gary Player
1981	6905	280	Tom Watson
1994	6925	279	Jose Maria Olazabal
1999	6985	280	Jose Maria Olazabal
2002	7270	276	Tiger Woods
2003	7290	281	Mike Weir
2006	7445	281	Phil Mickelson
2009	7435	276	Angel Cabrera
2019	7475	275	Tiger Woods

1934年の招待競技時は6700ヤード。総延長は775ヤード（現在）。逆に短くした例（81年、09年）もある

ご協力いただいた執筆者の方々へこの場を借りて感謝申し上げます。なかにはすでに鬼籍へ入られた方もおられるが、長年にわたり「Choice」誌へ書き綴っていただいたことで、チョイス選書としてこのように本書の刊行が実現できたことに対し、衷心より御礼申し上げたい。

今年（２０２１年）のマスターズでは、松山英樹選手が日本人として初制覇を成し遂げた。私自身がその歴史的瞬間を現地で目撃できたことはとても幸運なことであった。この熱い激戦譜は後述するが、なぜ私がその場に居たのか、その理由からお話させていただこうと思う。

小社は、１９８０年から「マスターズ・カレンダー」を制作・発行している。トーナメントを主催するマスターズ委員会からライセンス供与を受けており、毎年マスターズにゲストとして招かれている。写真クオリティはもちろん、デザイン、紙質などメイド・イン・ジャパンが同委員会からも毎年高い評価を受けているが、発売が日本国内に限定されているのは少々残念に思う。ゴルフメディアとしてのプレスとは別枠とお考えいただきたい。

私のマスターズ初観戦は１９８９年、そのときの感動は今でも忘れられない。マグノリアレーンの先に佇む真っ白なクラブハウスを見たとき、ハウスを通り抜けてそこからゴルフコースを一望したとき、オーガスタ・ナショナルＧＣに自分が居ることが夢のように感じた。とき折り吹く風がハウス前の大きな樫の木の葉を揺らすと現実を実感できた。人工物はすべてマスターズカラーの緑か白に統一され、芝生と樹木や花々と完璧に調和している。ドリンクカップやサンドイッチの包装紙、ナプキンまでもマスターズカラーで統一されている。パトロンの多さにも驚かされた。まさに「ゴルフの祭典」という呼称がふさわしい。

以来30年以上続けてきた〝マスターズ詣〟だったが、２０２０年はコロナ禍により11月の無観客開催が決まり、観戦はもとより渡米を中止した。２０２１年はゲスト、パトロンの人数を絞り4月に開催することが年明け早々マスターズ委員会から発表された。日本国内のコロナ禍が収束しないなか、世界でもっとも感染者が多い米国へ出張することに多少の迷いもあったが、同委員会の決断を支持する意味でも現地へ赴くことを2月に決意した。松山選手の優勝に立ち会えたことで、この決断が正しかったことを証明できたと自負している。

マスターズが開催されるジョージア州オーガスタは、南部特有の保守的な地域で、初めて女性会員を迎えたのも2012年であった。しかし、近年のマスターズは、自由で開かれた大会を標榜しており、特に2006年にビリー・ペイン氏が会長に就任して以来、それが顕著となった。アジアの優秀なアマチュアへ門戸を広げようと、2009年からAPGC（アジア太平洋ゴルフ連盟）が主催するAPAC（アジアパシフィック・アマチュアゴルフ選手権）の優勝者が翌年のマスターズに招待されることになった。2010年の大会が日本の霞ヶ関CC西コースで開催され、当時まだ東北福祉大学1年生だった松山選手が優勝し、翌年のマスターズ出場を決めた。

しかし、2011年の3月に発生した東日本大震災により、一時は参加を断念するとの話もあったが、最終的に松山選手は東北に元気を届けるため自分がマスターズで頑張ることを誓って渡米し、その結果ローアマ（シルバートロフィ）を獲得した。このとき、ペイン会長は松山選手の活躍をとても喜んでくれていた。さらに同委員会は、女子アマにも門戸を開き、2019年からマスターズの前週にANWA（オーガスタ女子アマ）を開催している。その大会で今年、優勝したのは日本の梶谷翼選手（17歳）。今、振り返ると同じ日本人として松山選手の勝利の予兆だったと考えられなくもない……。

そして２０２１年、松山選手にとってアマチュア時代から数えて10回目となるマスターズを迎えた。初日69（3アンダー）2位タイと好スタート。2日目は71で通算4アンダー、首位と3打差の6位タイ。ゲームが大きく動いたのは3日目のインコースだった。オーガスタ・ナショナルの11番から13番は、池やクリークがらみのホールが続き、また風の読みが難しいので技術だけでは攻略できない。神に祈る気持ちでプレーすることからアーメンコーナーと呼ばれている。この難しい11番パー4でそれは起きた。ティーショットを大きく右に曲げ、林の中からセカンドショットを打つ直前に、雨雲接近のためプレーサスペンデット（競技中断）となったのだ。

この77分間の中断は間違いなくゲームの流れを変えた。それまで選手を悩ませていた硬い高速グリーンは、降雨のおかげで少し軟らかくなった。幸いにもそれほど大降りにはならずにプレー再開となったが、先に打ったザンダー・シャウフェレのボールがグリーンに止まるのを確認した松山選手は、グリーン後ろに池がある奥のピンを果敢に攻めてこのホールを見事バーディとし、一気にギアが上がった。次の12番もバーディ、13番と14番パーのあと圧巻は15番パー5だった。２００ヤードを超えるセカンドショットをワンピンにつけてイーグルだ。

これで初日8番、2日目13番に続いて今大会3度目のイーグル。やはり今年の松山選手はこれまでと何かが違っていた。続く16番、17番もバーディとして迎えた最終18

番ホール。セカンドショットが大きくグリーンオーバーし、下り傾斜からの難しいアプローチが残った。これをまさに神技の寄せでパーセーブして後半のスコアを30とした。トータル11アンダーで2位に4打差をつけ単独首位で3日目を終えた。水気を含んだ芝からのショットは、ときにアイアンショットの距離を狂わせる。降雨のあと多くの選手がスコアを落とす中、松山選手にとっては恵の雨となり、1人だけ異次元のプレーをした。この夜、私は「ついにこの日が来るのか!」目をつむると松山選手の優勝シーンが瞼に浮かび、自分がプレーするわけでもないのに、浅い眠りのまま最終日の朝を迎えた。

それまで曇天で少し風もあったのに、松山選手の最終組がスタートする頃には雲が晴れて日が差してきた。日本的心象でいうなら、オーガスタの八百万の神が味方してくれているようだ。

3日目と同じくシャウフェレとのペアリングというのもラッキーだ。飛距離もプレースタイルも似ているし、何より3日目のいいリズムがそのまま続けられる。

1番、ティーショットは大きく右に曲げてボギーだったが、2番のバーディですぐに取り返し、あとはパーを続けホールを重ねていく。

ディフェンディングチャンピオンのダスティン・ジョンソンなど、ビッグネームが予選落ちしたことも、プレッシャーを和らげる要因になったかもしれない。不思議と追いかける選手が次々とスコアを崩す展開も、何かがそう仕向けているように思えた。

13番パー5でバーディを取ったことを見届けて、18番へ移動。この時点で松山13アンダー、ザンダー8アンダー。

18番グリーン横には大きなリーダーズボードがあり、パトロンは試合の状況を遠くの歓声とボードのスコアが変わることで、展開を楽しむことができる。15番ホール、松山ボギーで12アンダーとなり、ザンダーは12番から15番まで4連続バーディで10アンダー。なんと2打差にまで詰め寄られていた。残り3ホールで2打差は、特にここオーガスタにおいては、差がないに等しいといっても過言ではなく、何が起こるか分からない。これまで、何度、名手たちがつかみかけた栄光を逃してきたことだろう……。心臓がバクバクしてきた。

16番パー3。2015年、タイガーが奇跡のチップインをしたあのショートホールだ。なかなか16番方面から歓声は聞こえてこない。ちょうどその頃、18番グリーンでは新鋭のウィル・ザラトリスが長いパーパットを入れて9アンダーでホールアウトした。18番グリーンを取り囲むパトロンは、ホールアウトする選手には必ず大きな拍手を送る。拍手が終わったころを見計らってボードの16番、松山のスコアが11アンダーに変わった。

周りにいた多くのパトロンから歓声が上がった。みんなエキサイティングな試合展開を望んでいるのであって、決して松山のリードを快く思っていないわけではない(もちろん愛国心溢れるパトロンも中にはいるだろうが)。そして、16番のザンダーのスコア……、(かなりの間の後)7アンダー。

今度は、歓喜とため息が入り混じりパトロンがざわついた。このとき16番で何が起きたか誰も分からず、ただ松山がボギー、ザンダーがトリプルボギーという事実を知るのみ。

17番をパーとした松山、いよいよ最終ホールへ。先に上がったザラトリスとは2打差。ティーショットはフェアウェイセンター。これで大丈夫かと思いきや、第2打をプッシュアウトしてグリーン右のバンカーに。この状況でザックリやホームランは嫌だなと、無意識に自分のプレーと重ねて見てしまったが、松山は意外にあっさりと打ちナイスアウト。惜しくもパーパットは外れたものの、最後はタップインのボギーでフィニッシュ10アンダー。

マスターズ制覇だ！　ついにこの瞬間に立ち会うことができた。

見上げると空には雲はほとんどなく快晴だった。なんだか自分が異空間にいるようだった。

クロージングセレモニーは、毎年クラブハウス前の練習グリーンで行われる。2017年に就任したフレッド・リドレー会長が、前会長のビリー・ペイン氏とともに登壇した。挨拶の中で会長は、関係者へのねぎらいの言葉に続き、「時のペイン会長がアジアの有望なアマチュアを招待することを決め、2010年APACで優勝したヒデキが2011年ここでローアマを獲得。そして、プロになった彼が今日ここで優勝した。こんな素晴らしい物語はない。ペインさんありがとう!」と、2010年から続いてきた松山選手とマスターズの特別な関係にも言及してくれた。

さらに、このセレモニーではこんな裏話があった。30年以上にわたりマスターズを撮り続け、海外プレスにもよく知られた宮本卓カメラマン(小社マスターズカレンダー撮影)が、ホールアウトした選手の撮影のためこちらへの到着が遅れ、彼が着いたとき既にカメラマン席は満席となっていた。すると1人の外国人が、「タク、ここが君の場所だ!」と最前列中央に招いてくれた。グリーンジャケットを着て簡潔なスピーチをした優勝者に、「ヒデキ! バンザイだ」と叫んで決めポーズをとらせたのも、ほかならぬ宮本カメラマンだった。

最終18番はタップインのボギーだったこともあり、グリーン上ではあまり感動的なシーンが撮れなかったから、もっとエモーショナルなシーンが欲しくて思わず叫んでしまったそうだ。でも、自ら両手を挙げてポーズを指示した本人は、最初のバンザイを撮り損ねるというオチがつく。
マスターズ委員会はもちろんのこと、多くのパトロン、そして海外メディアまでもが、松山選手の優勝を温かく迎え入れ、心から祝福してくれていた。すべての人に自由で開かれたゴルフをもっと普及させたいという、アメリカのゴルフ界が目指しているることが、決して建て前だけではないことを、今年のマスターズで松山英樹が証明してくれた。

２０２１年９月吉日
ゴルフダイジェスト社　社長　木村　玄一

【写真、コース図、イラスト原書、出典】
Golf Architecture／カバー表左　48上　197　220　221　234
Getty Images／カバー裏　61
Satoru Abe／13上下　25上下
Golf Illustrated&Outdoor America／48下
Shun Itagaki／64　79
Golf Digest Japna Photo Library／33　95　173　208
Choice Magazine vol.28／71　83　85
Choice Magazine vol.121／131

【参考文献】
Golf Architecture
First Annual Invitation Tournament
A Golf Story

『ゴルフコース設計論』
著者・アリスター・マッケンジー *Alister MacKenzie*

1870年−1934年　イングランド生まれ。ケンブリッジ大学で医学を学び、軍医としてボーア戦争と第一次世界大戦に従軍。退役後の1914年頃よりゴルフコース設計を手掛ける。オーガスタ・ナショナルゴルフクラブをボビー・ジョーンズとともに共同設計。

訳・迫田 耕 *Ko Sakota*

1955年生まれ。東京藝術大学美術学部建築科卒業。コース設計家。裾野CCのコース改修、桜ゴルフクラブのクラブハウスを担当。ゴルフクラブを含め、用具のデザイン、製作もこなす。セント・アンドリューズ・ゴルフクラブ会員。

Choice選書
マスターズを巡る物語
マッケンジー博士の「ゴルフコース設計論」収録
訳　迫田　耕

2021年9月5日／初版発行

発行者　木村玄一
発行所　ゴルフダイジェスト社
〒105-8670東京都港区新橋6-18-5
TEL 03-3432-4411（代表）03-3631-3060（販売部）
e-mail gbook@golf-digest.co.jp

組　版　近藤可奈子
印　刷　光邦

定価はカバーに表記してあります。乱丁、落札の本がございましたら、小社販売部までお送りください、送料小社負担でお取り替えいたします。

©2021　Ko Sakota　Golf Digest-Sha Ltd.　Printed in Japan
ISBN978-4-7728-4194-8　C2075